LOREDANA NEMES

GIERANGSTLIEBE · LOVEFEARGREED

LOREDANA NEMES

GIERANGSTLIEBE · LOVEFEARGREED

Herausgegeben von / Edited by
Thomas Köhler und / and Ulrich Domröse

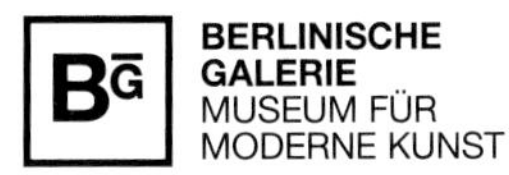

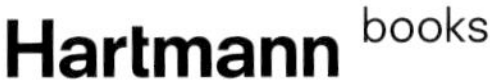

KONFRONTATION UND INTERAKTION

Thomas Köhler

Zur Künstlerin Loredana Nemes und ihrem Schaffen besteht in der Berlinischen Galerie bereits eine langjährige Verbindung. Im Jahr 2011 wurde die erste Werkgruppe aus der Serie *beyond* angekauft, die dann 2014 durch Aufnahmen aus der Serie *Blütezeit* erweitert werden konnte. Wenn es nun also zu einer Einzelausstellung der Künstlerin mit begleitendem Katalog in unserem Museum kommt, so ist dies ein Zeugnis unseres intensiven Interesses an ihrem konzeptuellen Ansatz in der Fotografie.

Loredana Nemes kann auf eine inzwischen 18 Jahre währende Laufbahn als Künstlerin zurückblicken. 1972 in Rumänien geboren, hat sie zunächst ein Studium der Germanistik und Mathematik in Aachen absolviert und bei einem großen Elektronikkonzern eine lukrative Position bekleidet, bevor sie sich als Autodidaktin ausschließlich der Fotografie zuwandte. Seither arbeitet sie an fotografischen Serien, die die Künstlerin über eine längere Zeitspanne begleiten, bisweilen auch ruhen, um dann wieder weiterverfolgt zu werden.

An ihren Fotoserien arbeitet Loredana Nemes wie an Forschungsprojekten, fast wie eine Anthropologin – allerdings ohne eine kühle, wissenschaftliche Form der Annäherung, sondern sehr emotional und einfühlsam.

Loredana Nemes' Fotografien wirken aber nicht nur durch die starke Authentizität ihrer Abbildung, sondern auch in ihrer künstlerischen Bildsprache. Kreativ nutzt sie die visuellen Bruchstücke der Stadt und des Moments und verwendet auch Unschärfen als Gestaltungselement.

Die Arbeit an den fotografischen Serien kann sich über Jahre hinziehen. Hat sich die Künstlerin einmal für ein Thema entschieden, so bleibt dieses für eine dauerhafte Auseinandersetzung von Interesse. Über den Fortgang konkretisiert sich das künstlerische Anliegen und wandeln sich die Schwerpunkte. Das serielle Arbeiten findet seine Parallelen in der Konzeptkunst der 1950er- bis 1970er-Jahre, aber auch bereits bei klassischen Vorläufern in der Fotografiegeschichte.

Loredana Nemes ist eine »romantische Passante«, die in ihrer Arbeit Fragen nach Themen wie Identität, Gender und kulturellen Differenzen stellt. Die Ausstellung in der Berlinischen Galerie verschafft den Betrachter*innen erstmals einen umfassenden Einblick in ihr Schaffen.

Zuallererst möchte ich Loredana Nemes für die präzise Komposition der Ausstellung danken. Zudem freut es mich, dass neue Werkgruppen einen entscheidenden Anteil in der Ausstellung haben.

Ulrich Domröse, dem Leiter der Fotografischen Sammlung der Berlinischen Galerie, möchte ich für seine kuratorische Begleitung der Künstlerin danken und dafür, dass er in den vergangenen 27 Jahren nicht nur die historischen Fotobestände des Museums bearbeitet und erweitert hat, sondern auch stets einen Blick für die Gegenwartsfotografie hatte und darauf achtete, diese in die Sammlung aufzunehmen. Unterstützt wurde er durch die wissenschaftliche Volontärin Cornelia Siebert sowie durch Tanja Keppler, die als Registrarin und Lektorin der Abteilung das Projekt betreut hat. Beider Einsatz hat dafür gesorgt, dass die Ausstellung mit Professionalität und Leidenschaft umgesetzt wurde. Alexandra Zöller hat den Katalog zur Ausstellung gestaltet und eine anspruchsvolle und ästhetisch höchst ansprechende Form gefunden. Den Leihgebern der Ausstellung danke ich für ihre Unterstützung und dafür, dass sie für den Zeitraum der Ausstellung auf ihre Werke verzichtet haben. Das Team der Berlinischen Galerie hat mit gewohnter Sorgfalt im Bereich der Technik, der Kommunikation und der Verwaltung die Umsetzung der Ausstellung begleitet. Roland Pohl und Wolfgang Heigl von der Technik, Ulrike Andres, Leiterin der Kommunikationsabteilung, sowie Birgitta Müller-Brandeck, Verwaltungsdirektorin und Susanne Teuber, Leiterin Finanzen, haben entscheidenden Anteil am Gelingen der Ausstellung.

CONFRONTATION AND INTERACTION

Thomas Köhler

The Berlinische Galerie has been nurturing a relationship with the artist Loredana Nemes and her work for some years. In 2011 we purchased a group of photographs from her series *beyond*, followed in 2014 by works from the cycle *Blossom Time*. This personal exhibition with an accompanying catalogue at our museum is the fruit, then, of our deep interest in her conceptual approach to photography.

Loredana Nemes can now look back on eighteen years in her career as an artist. Born in Romania in 1972, she graduated in German and mathematics in Aachen and held a lucrative post at a major electronics company before opting to devote herself entirely to photography as an autodidact. Since then she has been pursuing a number of series over lengthy periods, occasionally allowing them to rest before picking up the thread again.

Loredana Nemes tackles her photographic series as if they were research projects, almost like an anthropologist—except that her concern is by no means soberly scientific, but highly emotional and empathetic.

The impact of these works by Loredana Nemes derives, however, not just from the powerful authenticity of the depictions, but also from her artistic idiom. She makes creative use of these visual fragments of the city and the moment, and employs distorted focus as a compositional element.

Sometimes her work on a particular series will continue for years. Once the artist has engaged with a theme, she sustains her interest in exploring it. As the cycle evolves, the artistic purpose acquires concrete form and the focuses shift. This serial method has parallels in Conceptual Art of the 1950s to 1970s, and even earlier among the classical pioneers of photographic history.

Loredana Nemes is a "romantic passante" whose work raises questions about themes like identity, gender, and cultural difference. The exhibition at the Berlinische Galerie offers viewers the first wide-ranging insight into her oeuvre.

Before anything else, let me say thank you to Loredana Nemes for putting this exhibition together so meticulously. I am delighted to see that new series are playing such a substantial role in the show.

I would like to thank Ulrich Domröse, Head of the Photography Collection at the Berlinische Galerie, for giving the artist curatorial support, but also because for the last twenty-seven years he has not only been cataloguing and expanding the museum's historical collection but has also kept an unwavering eye on contemporary photographers and made sure to include them in our holdings. He has been assisted by our trainee curator, Cornelia Siebert, and by Tanja Keppler, who led the project as departmental registrar and editor. Through their commitment, both have ensured an exhibition mounted with professionalism and passion. Alexandra Zöller designed the catalogue for the show, creating a sophisticated form with great aesthetic appeal. I am grateful to those who loaned works for their backing and for doing without their gems for the duration of the exhibition. The technical, communication, and administrative team at the Berlinische Galerie accompanied the implementation with their customary diligence. Roland Pohl and Wolfgang Heigl from the technical department, Ulrike Andres in charge of communications, our director of administration, Brigitta Müller-Brandeck, and our financial manager, Susanne Teuber, have contributed decisively to the success of the event.

23197

2017–2018

STGNA ANSTG TGNSA ATGNS GNTAS
TNASG GNTSA NASTG NTSAG SNATG
NTGSA GTANS TSNAG GTNSA GASNT
TGSAN GANTS GSNTA GTNAS GSNAT
ASGNT AGTSN TGANS NGSTA TGASN
NASGT STNGA TASGN NTGAS TSGAN
TSGNA SNTAG ASGTN NGATS NATSG
NTSGA AGNST NAGTS GASTN GATNS
TSAGN ANTGS GNSAT AGSNT NAGST
GTSAN ANGTS GANST ANTSG SAGNT
AGSTN NSTAG TASNG TGSNA GSATN
TSNGA TGNAS NATGS SGANT STANG
ATNSG GATSN GSANT NGAST GNATS
GNSTA AGNTS STAGN GSTAN SGATN
SGNAT ATGSN SAGTN ASNGT TSANG
NSAGT NSATG ANGST ATSGN SANTG
NTASG ANSGT TNGAS TANGS NSGAT
STGAN ATSNG NGTSA NGSAT ASNTG
SATNG SATGN GNAST SGNAT GSTNA
TANSG TNGSA SGTAN STAGN STNAG
TNAGS NGTAS TNSGA TAGNS SNGTA
NSGTA GTSNA AGTNS GTASN ASTGN
TAGSN SNTGA TNSAG NTAGS NSTGA
SNAGT SGNTA SGTNA SNGAT ASTNG

ich wüte
du wütest
er wütet
wir wüten
ihr wütet
sie wüten

ich beschädige
du beschädigst
er beschädigt
wir beschädigen
ihr beschädigt
sie beschädigen

Angst atmet anders.
Angst berichtet besessen von Bärtigen.
Angst cellophaniert den Charme Chinas.
Angst duckt sich durchsichtig.
Angst erntet Echo.
Angst frisst Freiheit.
Angst gärt im Genick.
Angst heiratet heimlich Herrn Hass.
Angst interessiert sich fürs Innenleben.
Angst Jagd Juden.
Angst küsst Kinder.
Angst lauert im lila LKW.
Angst macht Macht.
Angst nagt am Naturell.
Angst okkupiert den Okzident.
Angst protokolliert planmäßig die Poesie.
Angst quadriert die Qual.
Angst riecht nicht nach Rhododendron.
Angst schwärzt die Schatten.
Angst tröstet tödlich.
Angst umzäunt Ungarn.
Angst verkantet in Versicherungen.
Angst wandert durch die schönste Vene.
Angst vor dem x-beliebigen Xenon.
Angst you you you.
Angst zuckt zittert zerbricht.

ich fliehe
du fliehst
er flieht
wir fliehen
ihr flieht
sie fliehen

ich bleibe
du bleibst
er bleibt
wir bleiben
ihr bleibt
sie bleiben

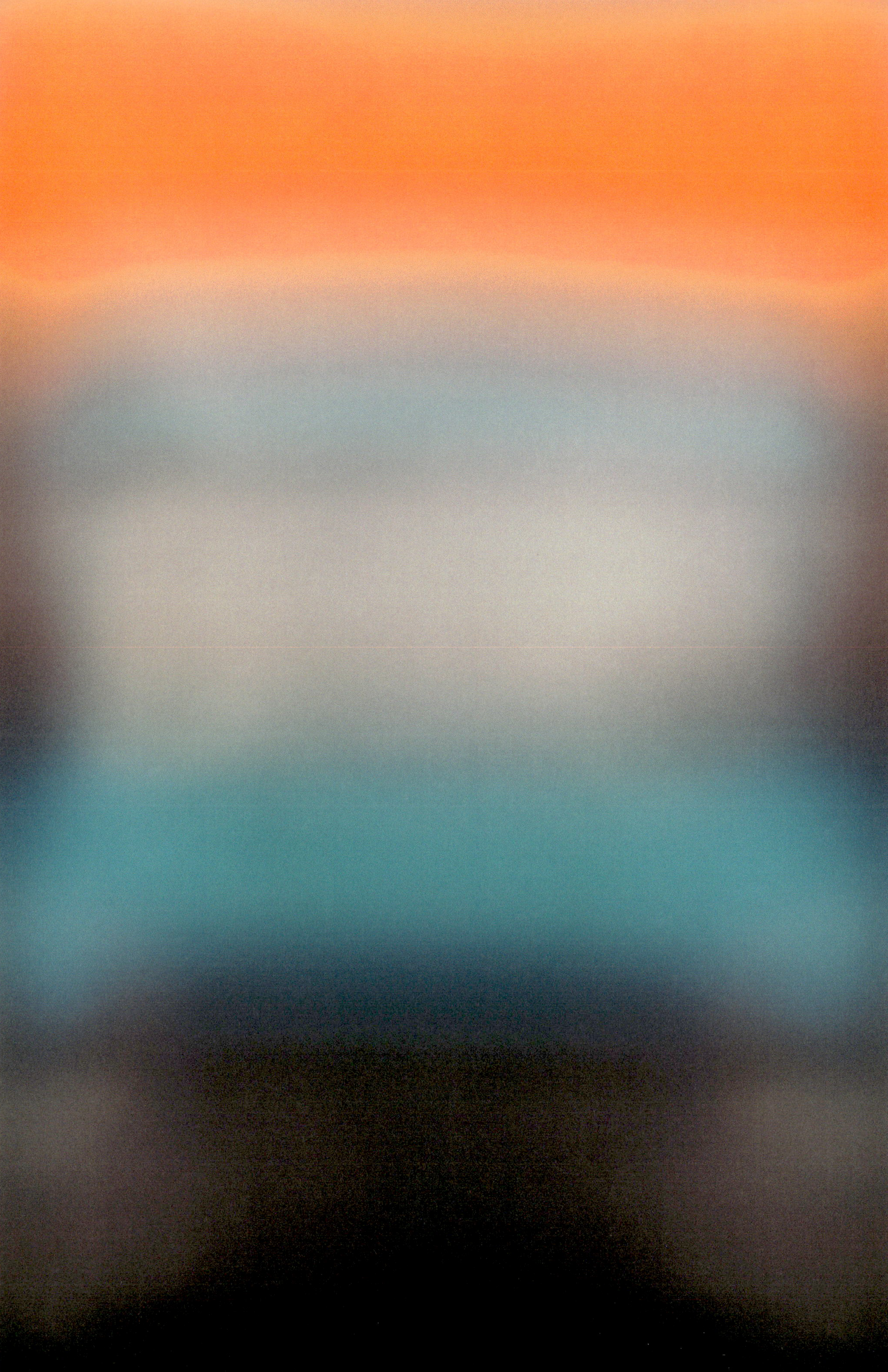

ich sterbe
du stirbst
er stirbt
wir sterben
ihr sterbt
sie sterben

GNTAS
NGATS
ANGST
GSANT
AGTSN
STGAN
ANSGT
AGNTS
GSNAT
GTSAN
SATGN
ATSNG
SNGTA
TNGSA
SAGTN
ANTGS
GSNTA
GNTSA
GASTN
NASTG
TGNSA
GTNAS
NGSTA
ASTNG
NSGAT
GATSN
SGNAT
SGATN
GSTNA
TNGAS
TGASN
SNTGA
GTANS
SGTAN
GTASN
STANG
ATNGS
TANSG
TNAGS
ASNTG
ASGTN
ATNSG
SNAGT
ANGTS
TASGN
SANTG
SANGT
GANST
TSGAN
TAGNS
ATGNS
TNSGA
TGSNA
NTAGS
AGSNT
NATGS
TGSAN
NAGTS
STNGA
STNAG
ASGNT
TASNG
NTGSA
GANTS
NTGAS
GATNS
AGSTN
ANTSG
GTNSA
TSGNA
NATSG
TNASG
NGSAT
TANGS
GNSTA
NSATG
GTSNA
ASNGT
TSAGN
SNATG
NTSGA
GNATS
TSANG
SGANT
GSATN
TGANS
GNSAT
SAGNT
ASTGN
TSNGA
SGNTA
SNGAT
TAGSN
TNSAG
GASNT
NSAGT
NTSAG
ATSGN
SGTNA
GNAST
NTASG
NAGST
AGTNS
TGNAS
AGNST
NSGTA
SATNG
ATGSN
STAGN
GSTAN
TSNAG
NGAST
NSTAG
ANSTG
STGNA
SNTAG
NSTGA
NGTAS
NGTSA
NASGT

BLÜTEZEIT

2012

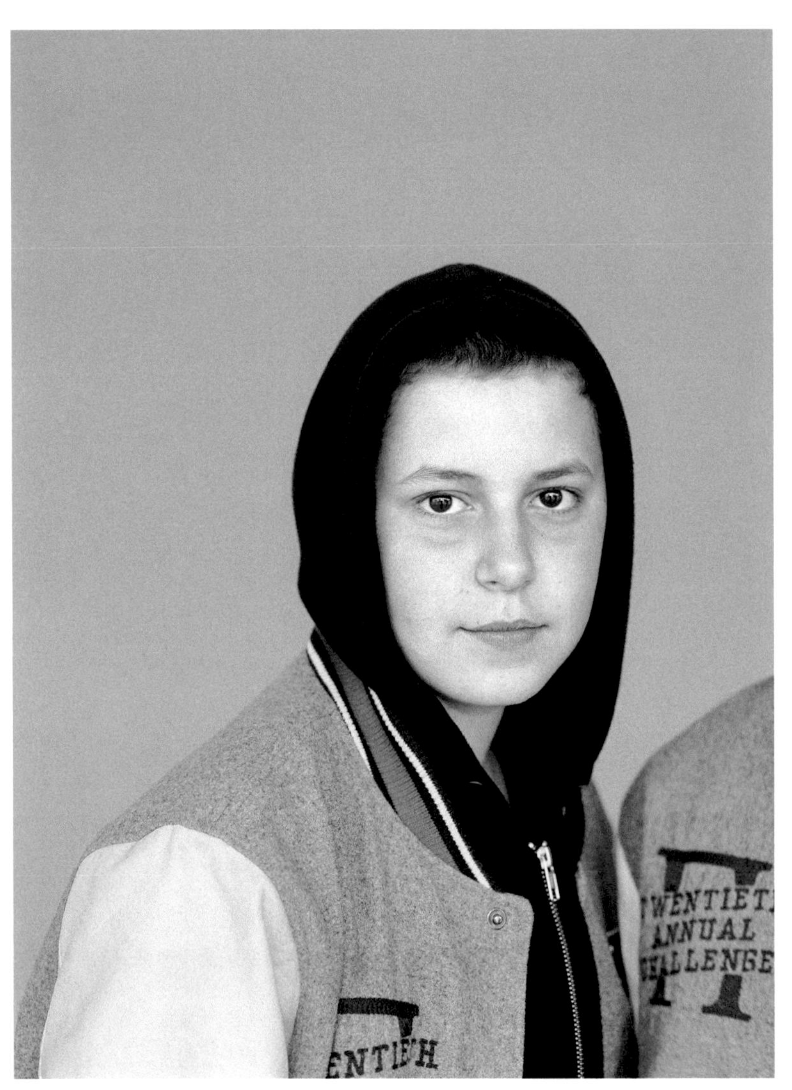
ENTIETH
WENTIETH
ANNUAL
HALLENGE

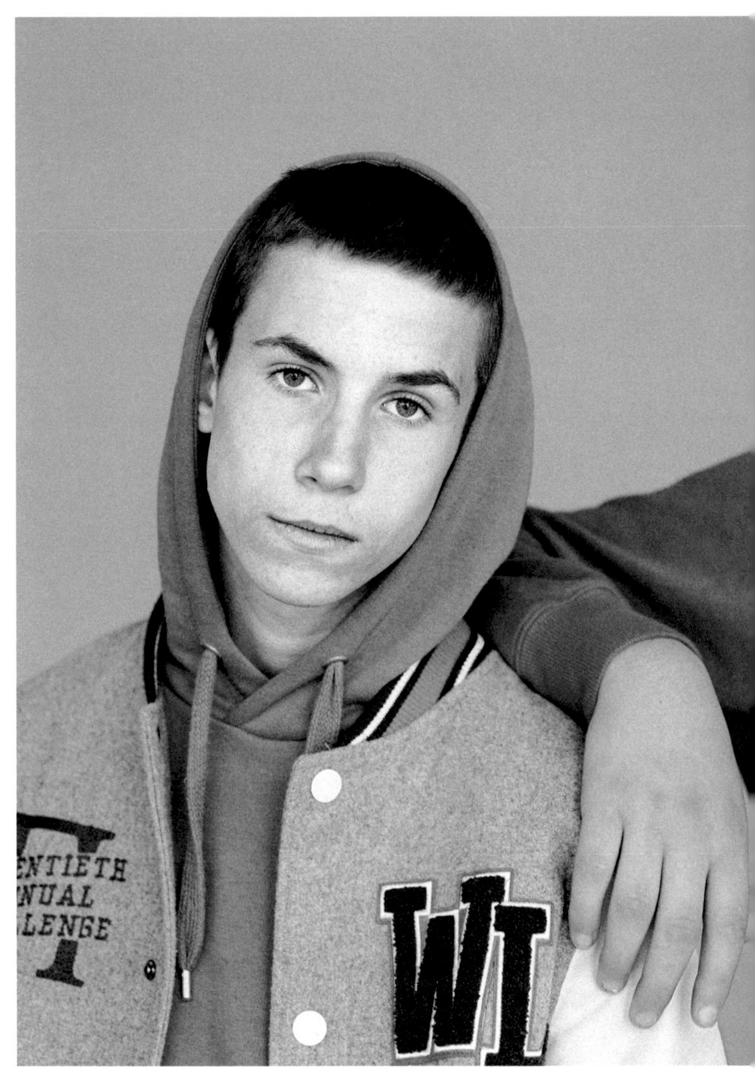
ENTIETH
NUAL
LENGE

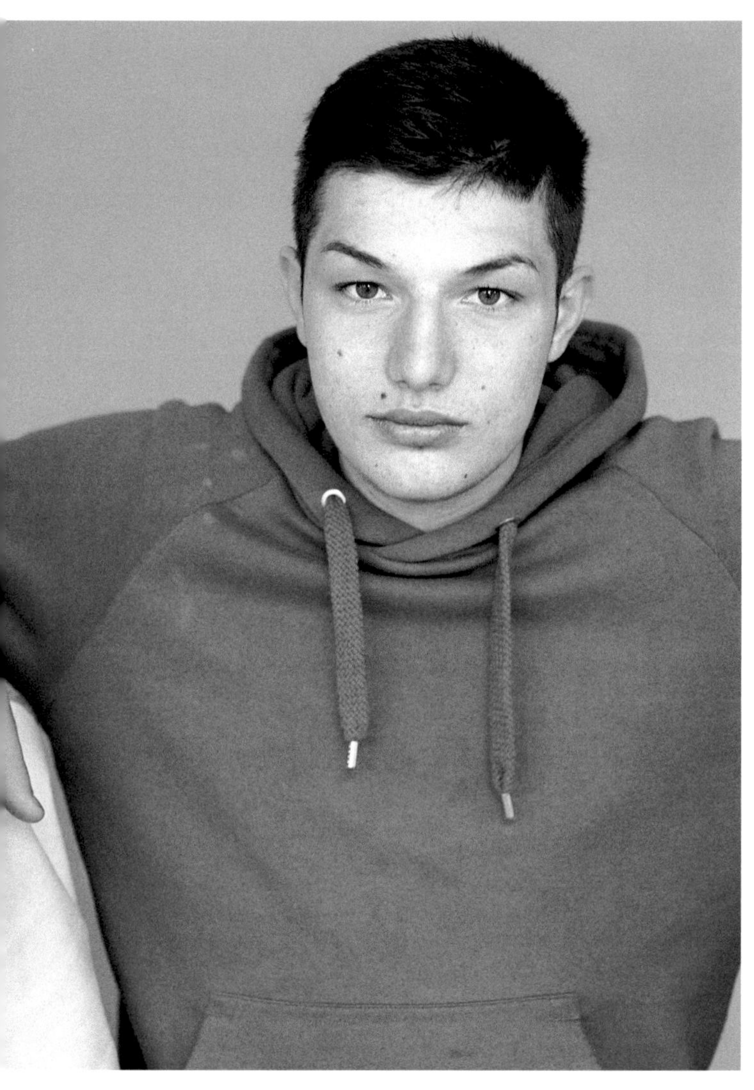

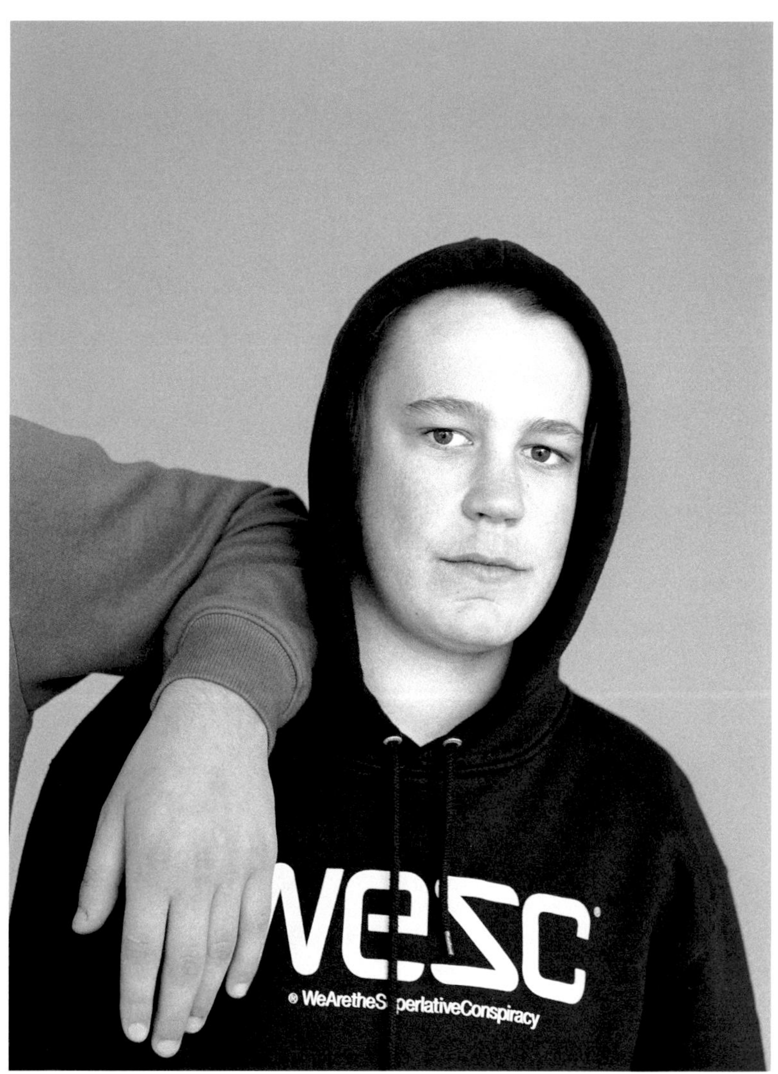
WeSC
WeAretheS perlativeConspiracy

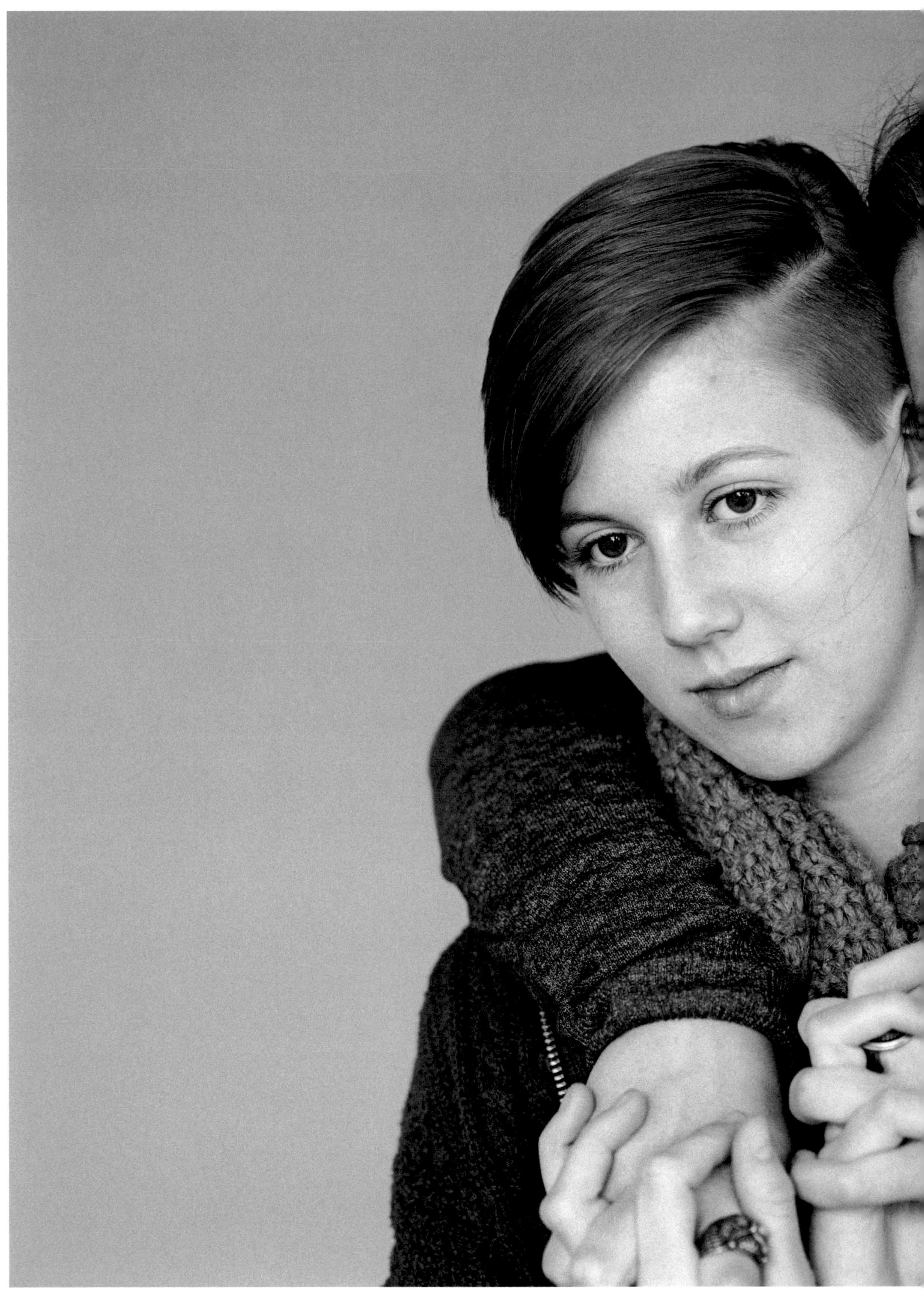

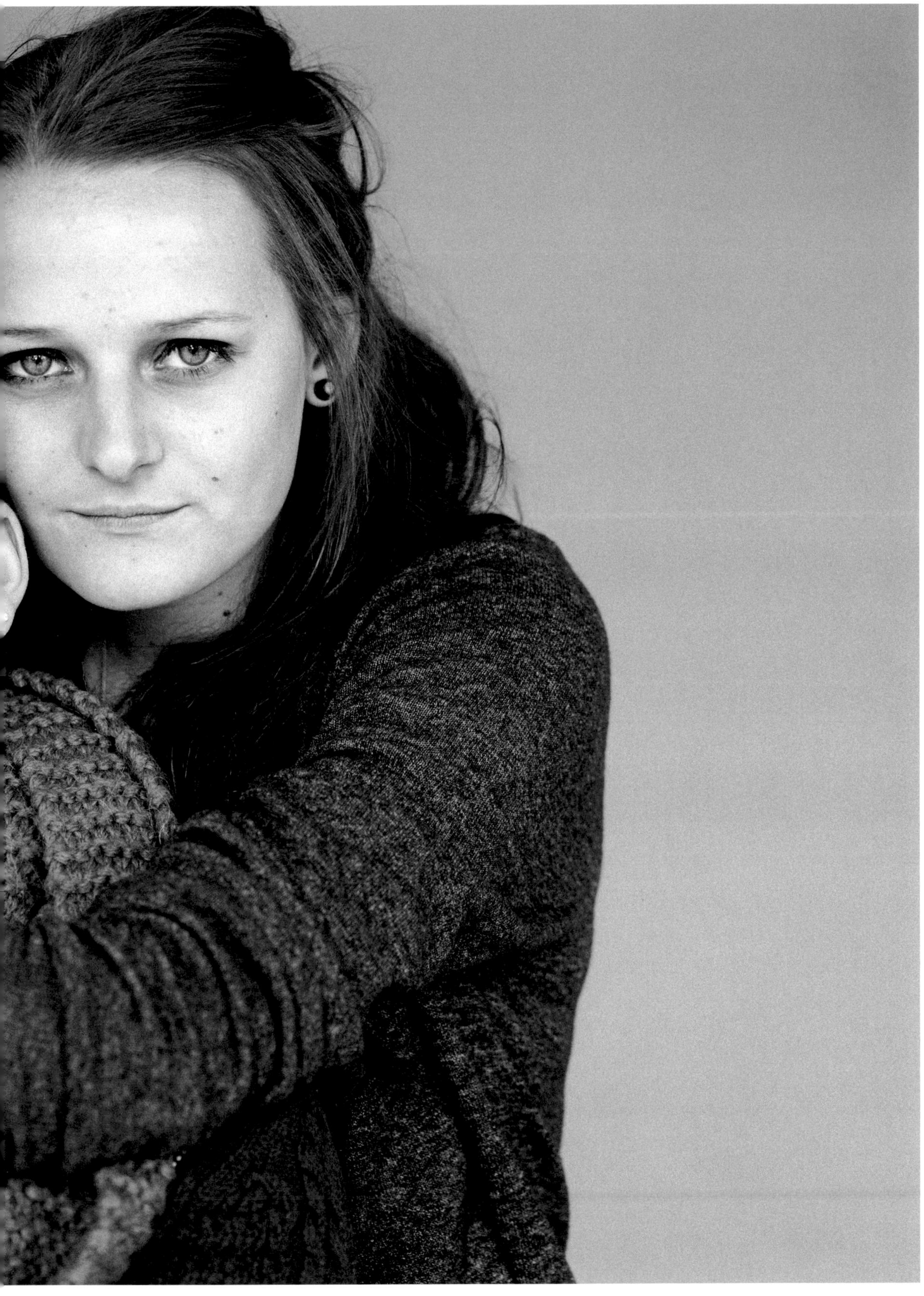

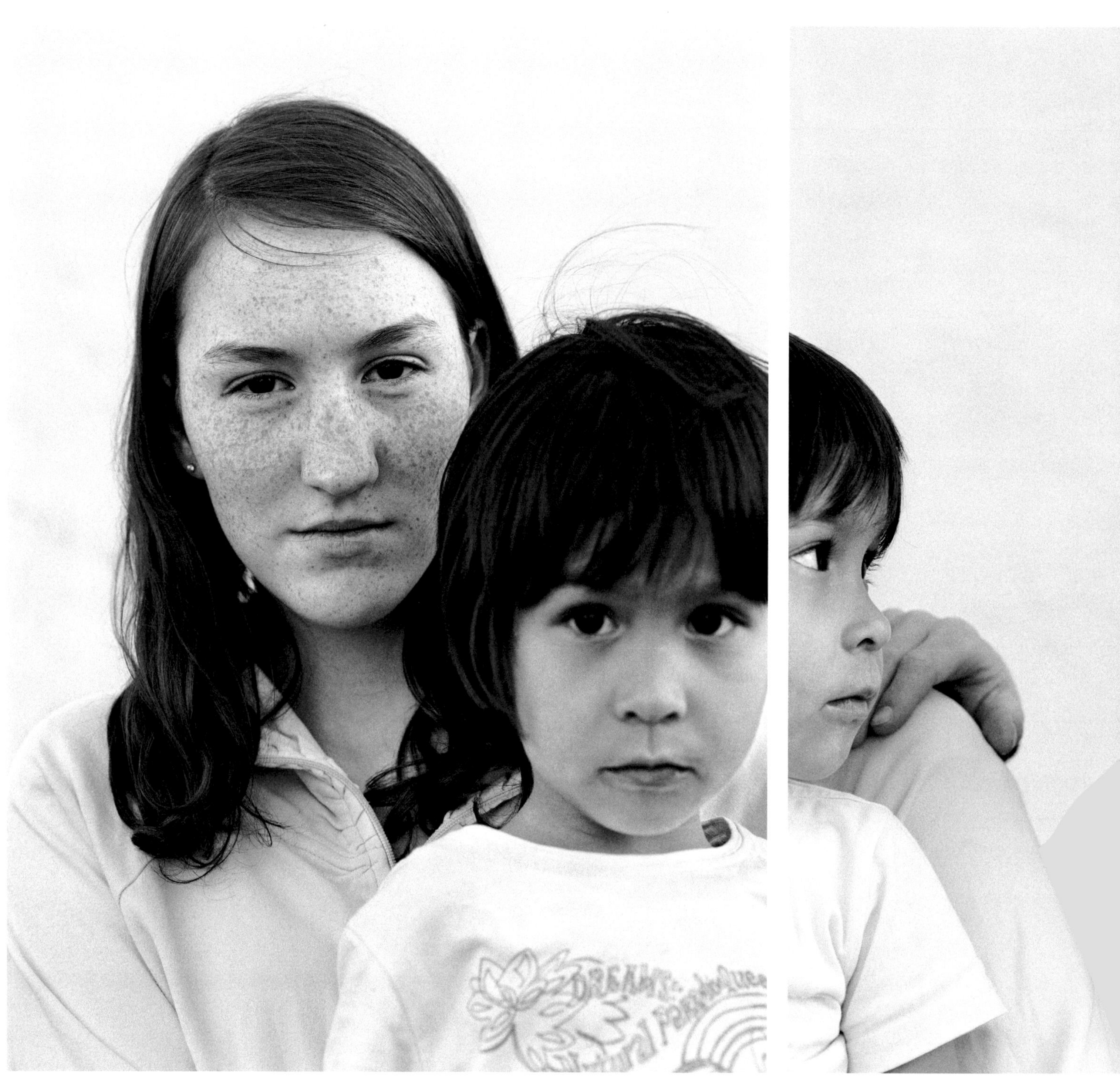
DREAMS

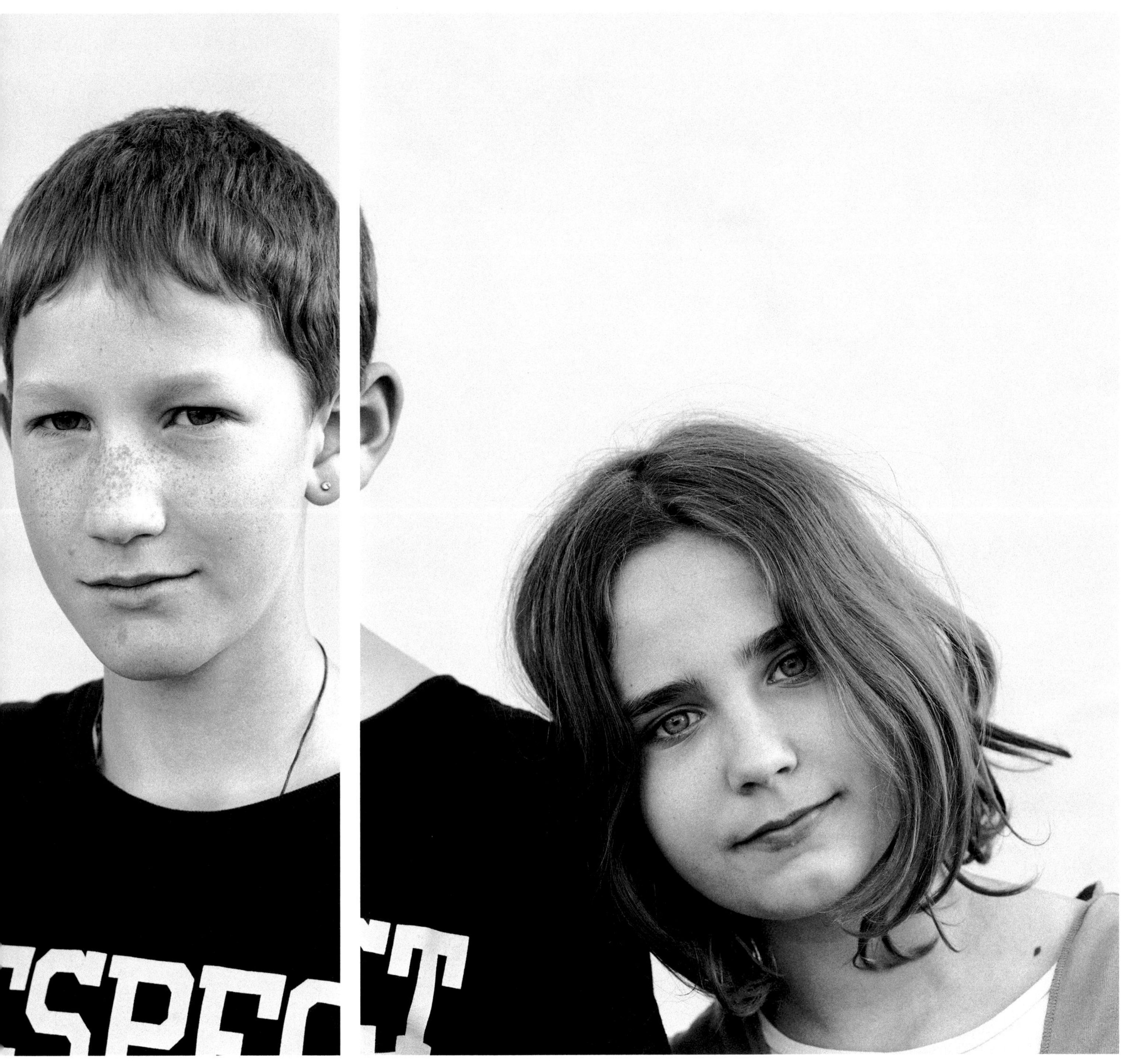

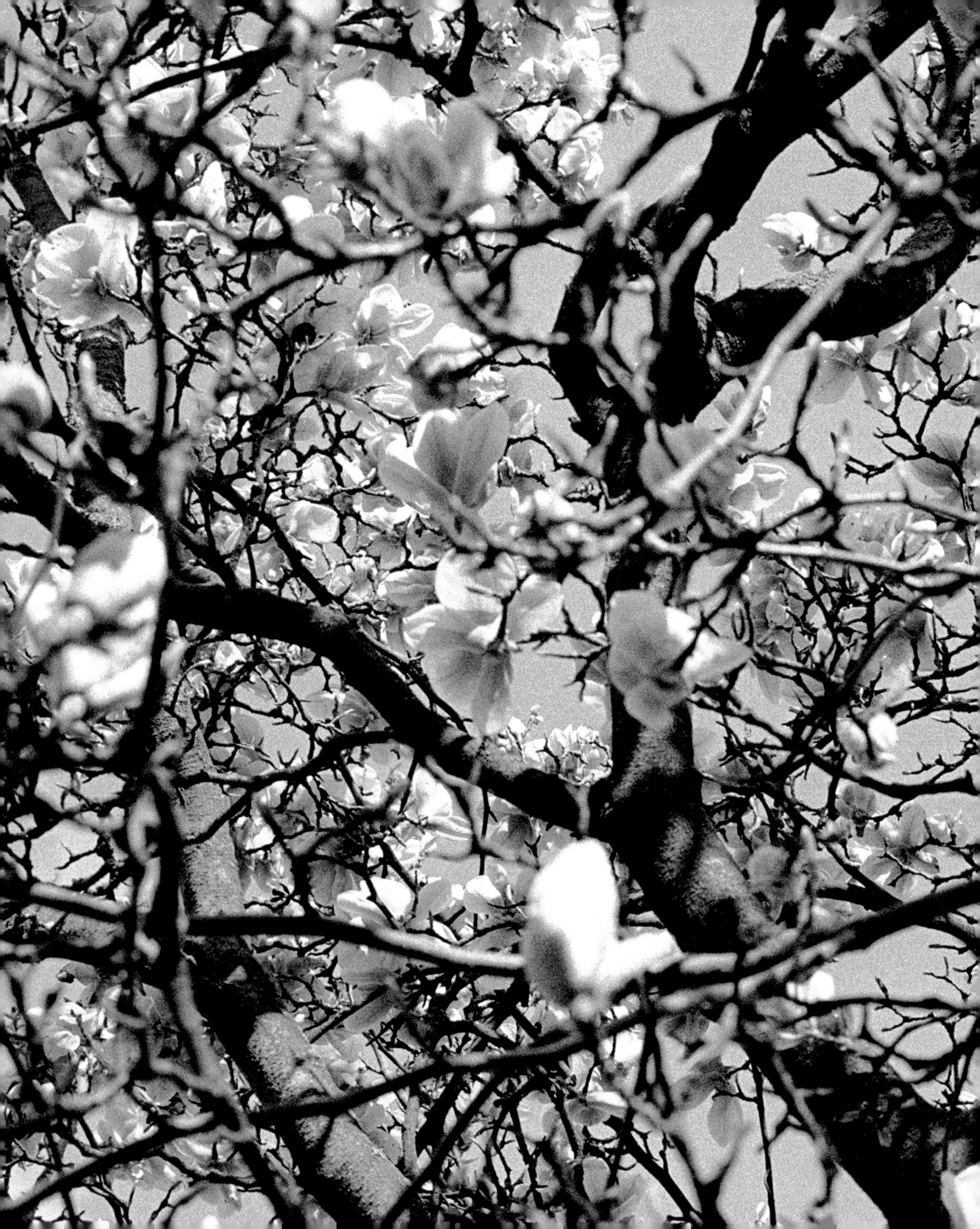

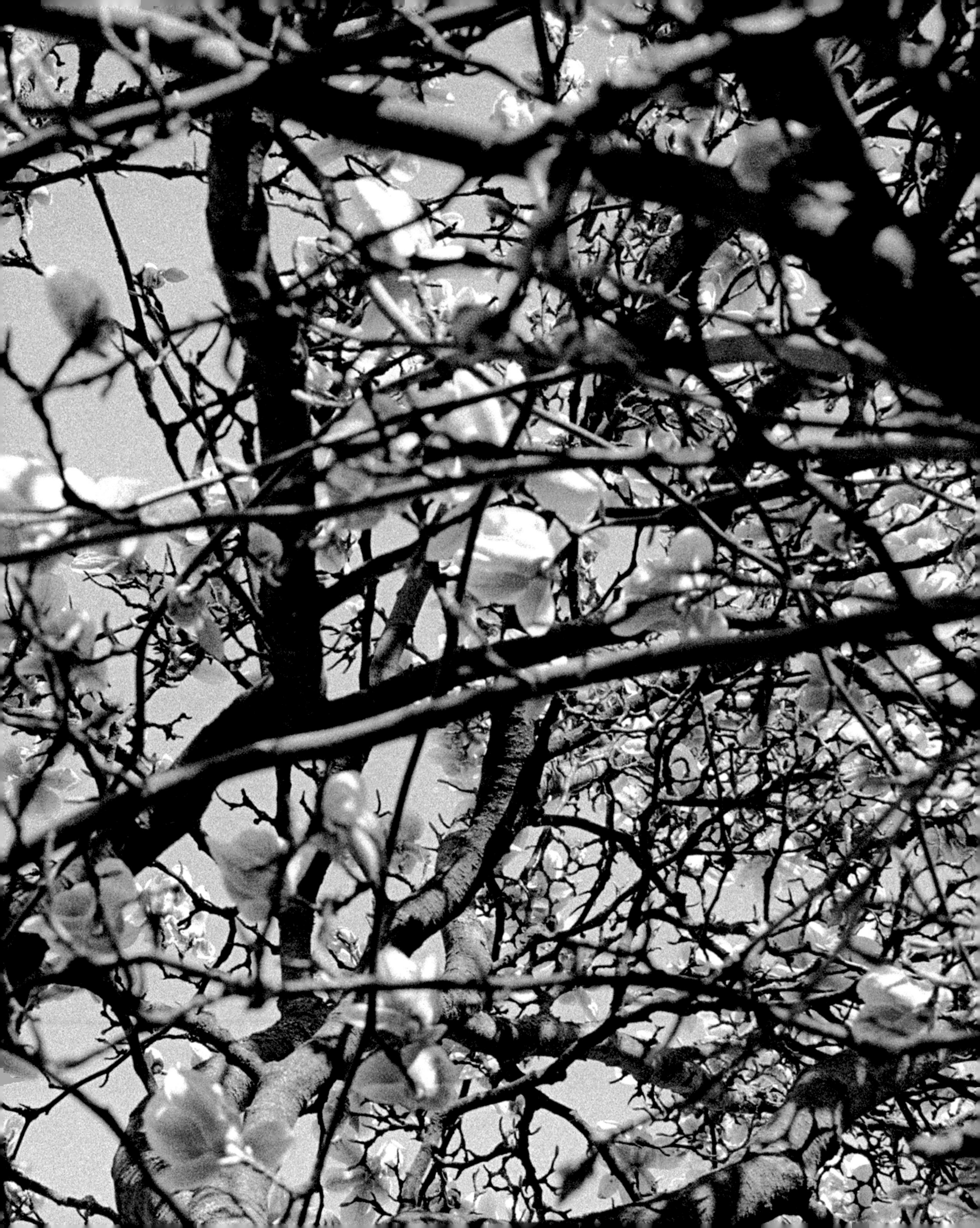

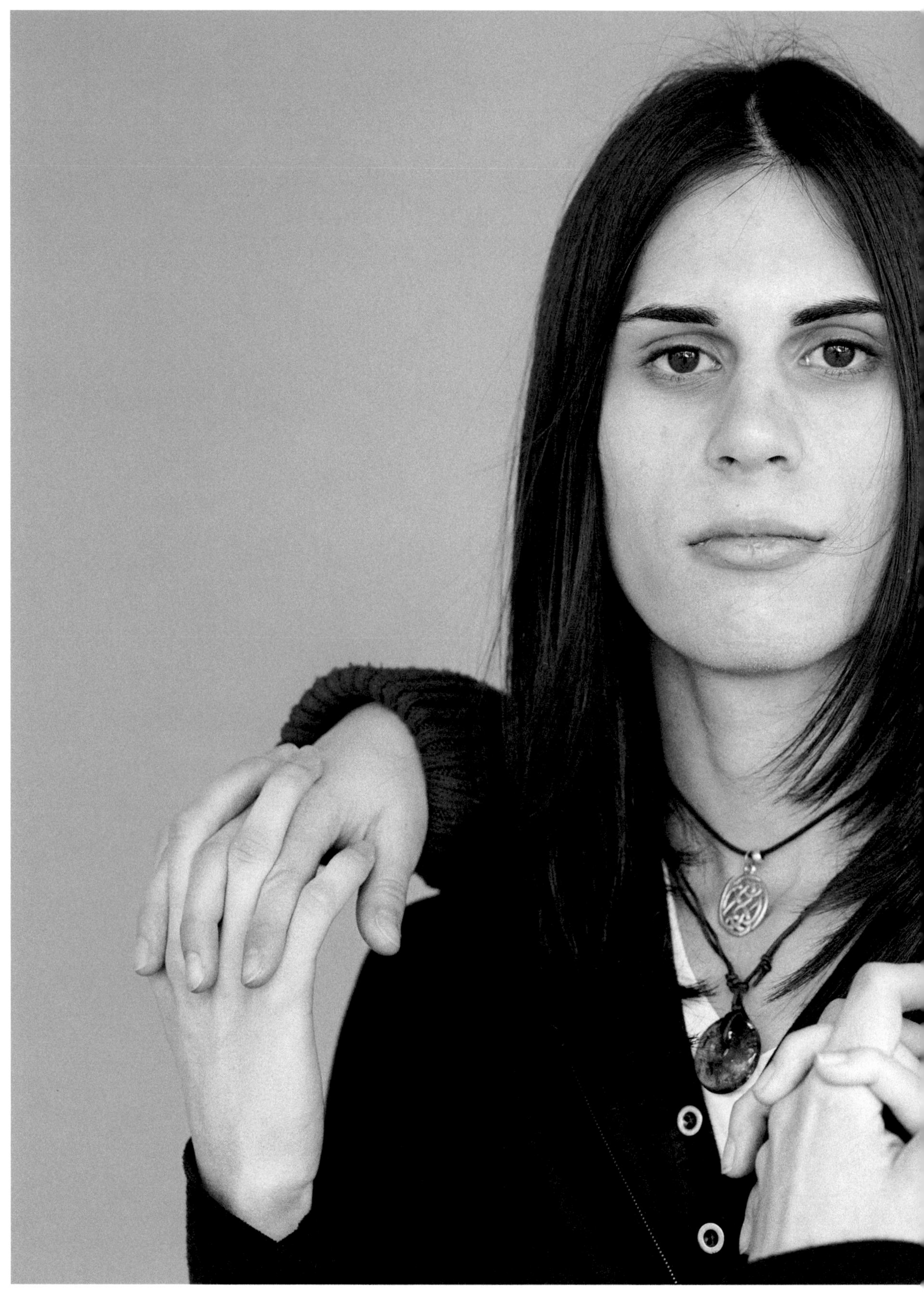

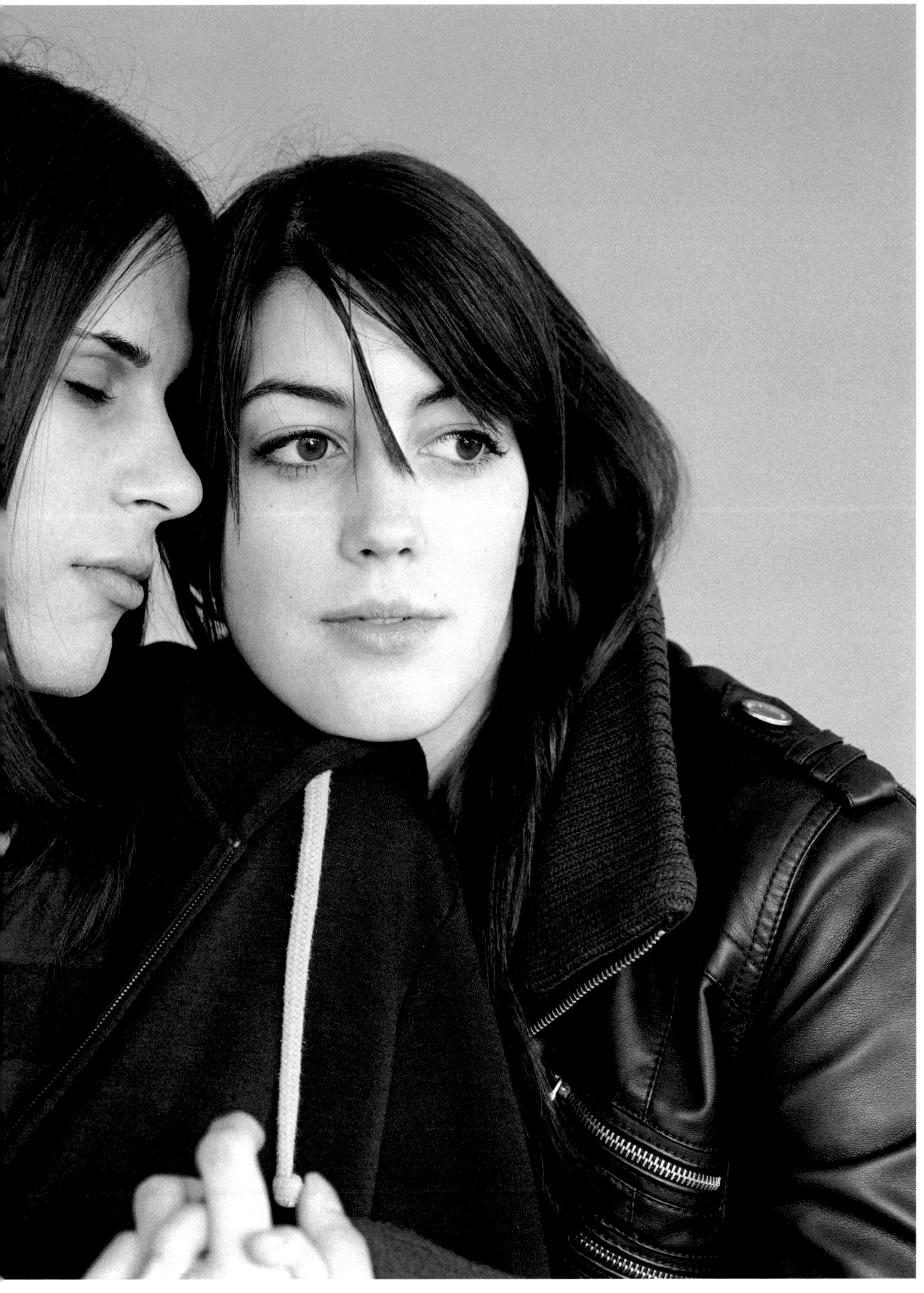

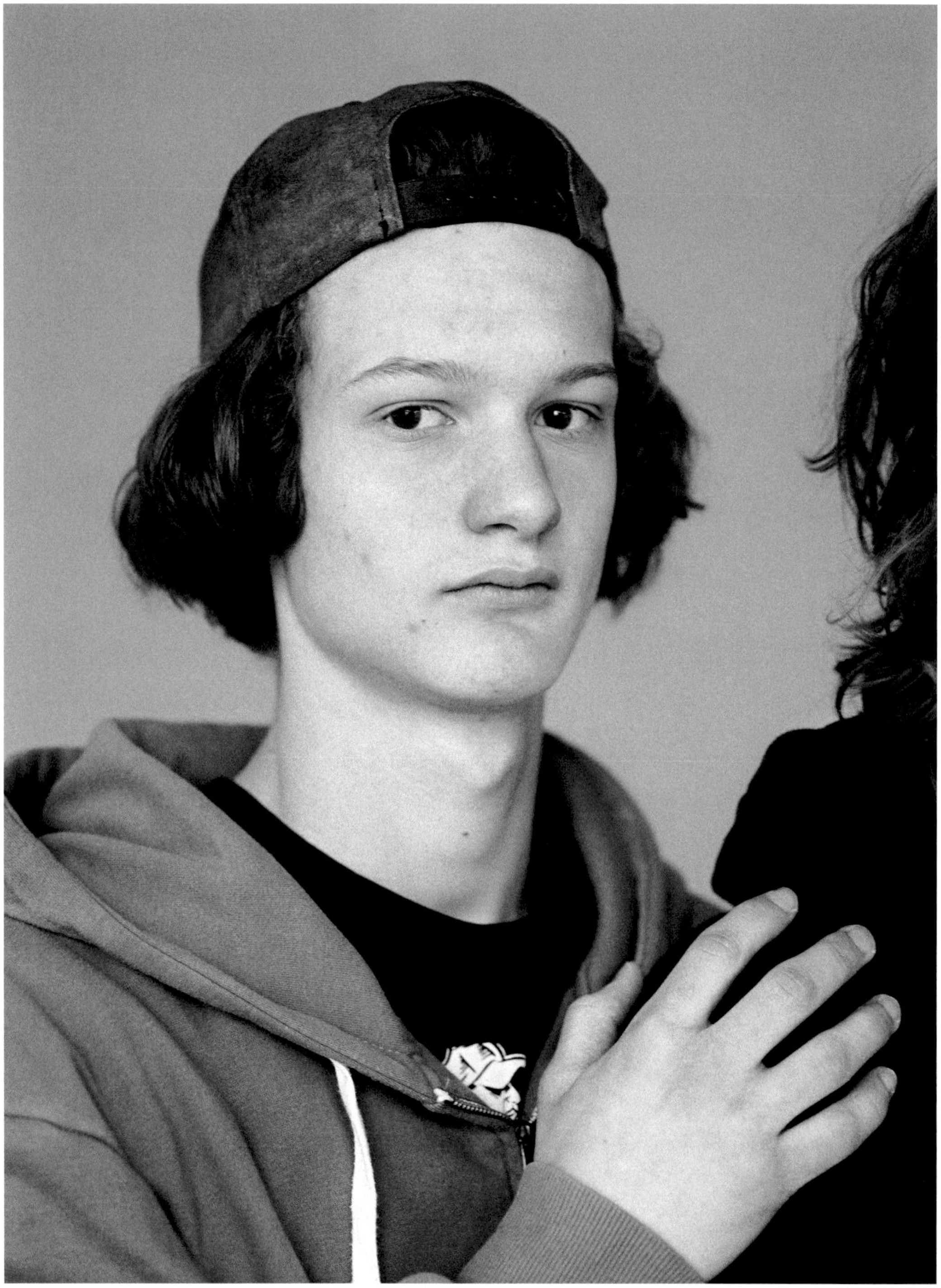

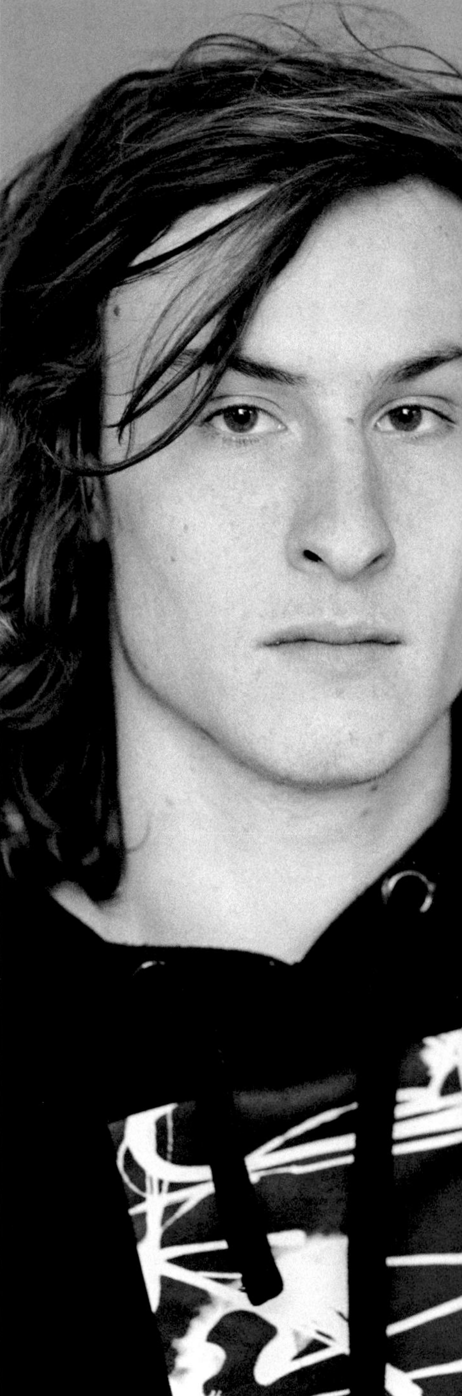

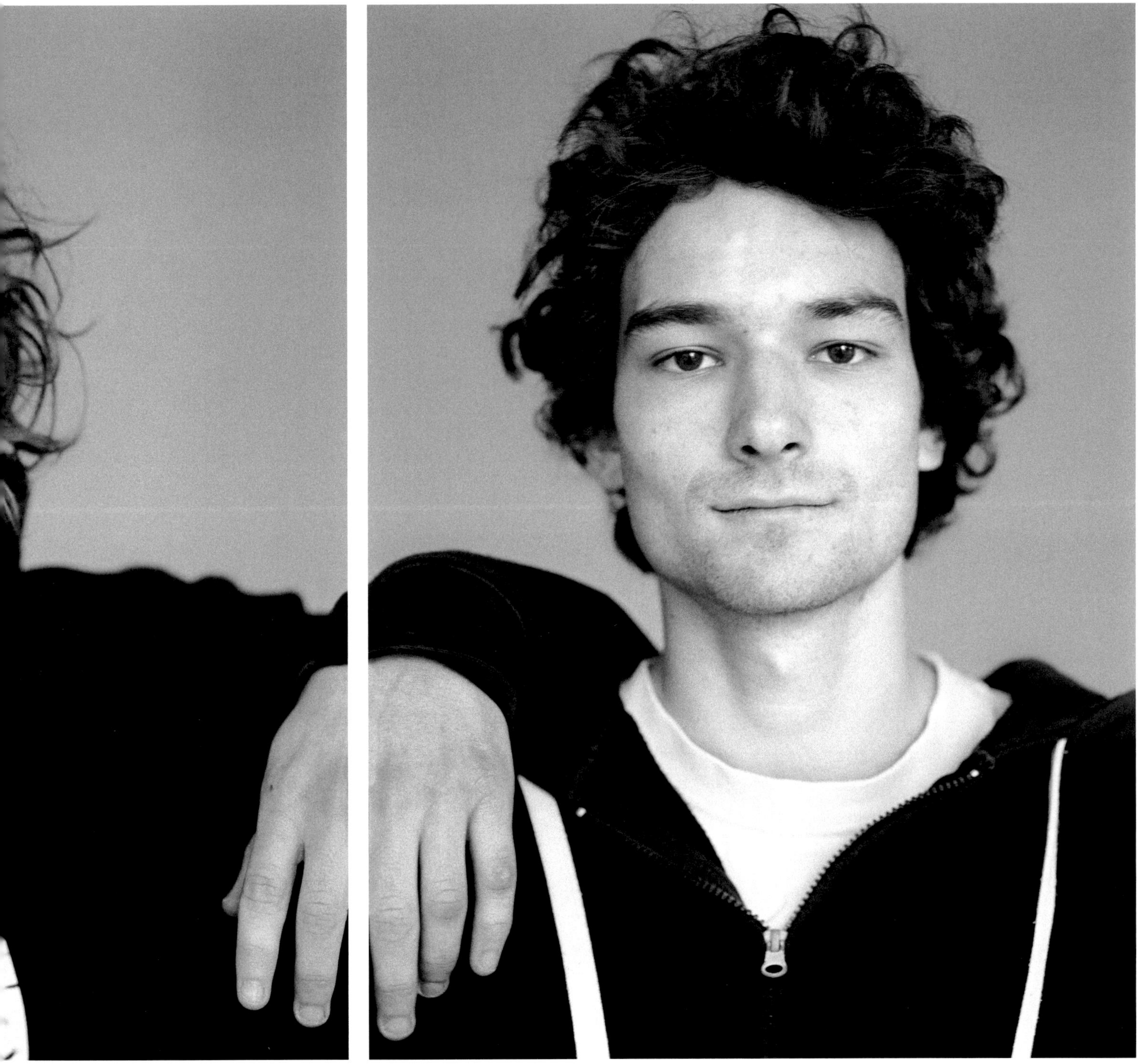

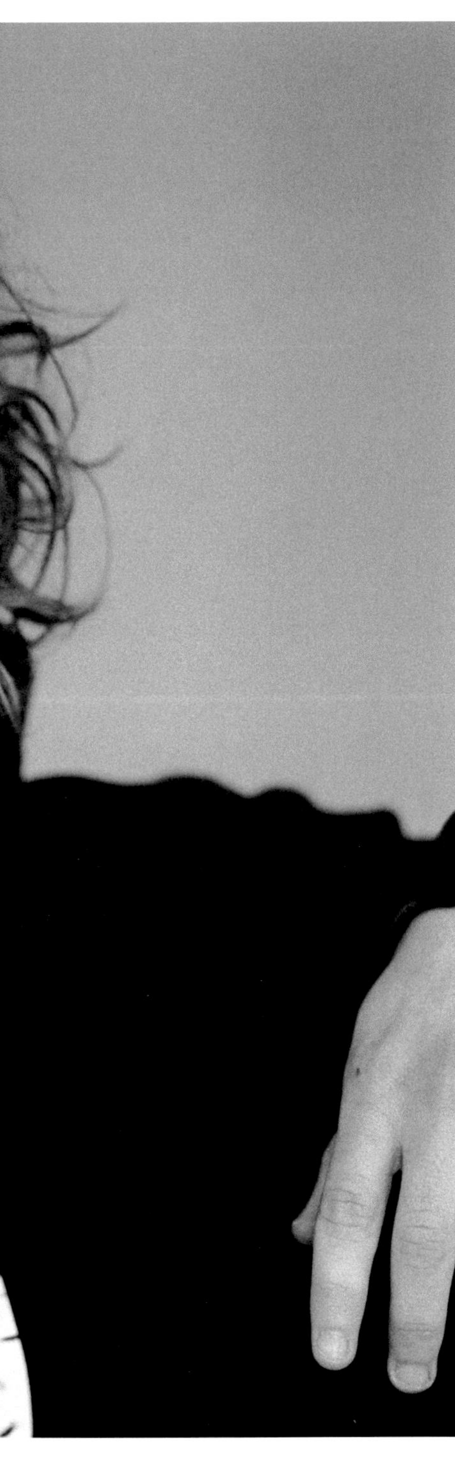

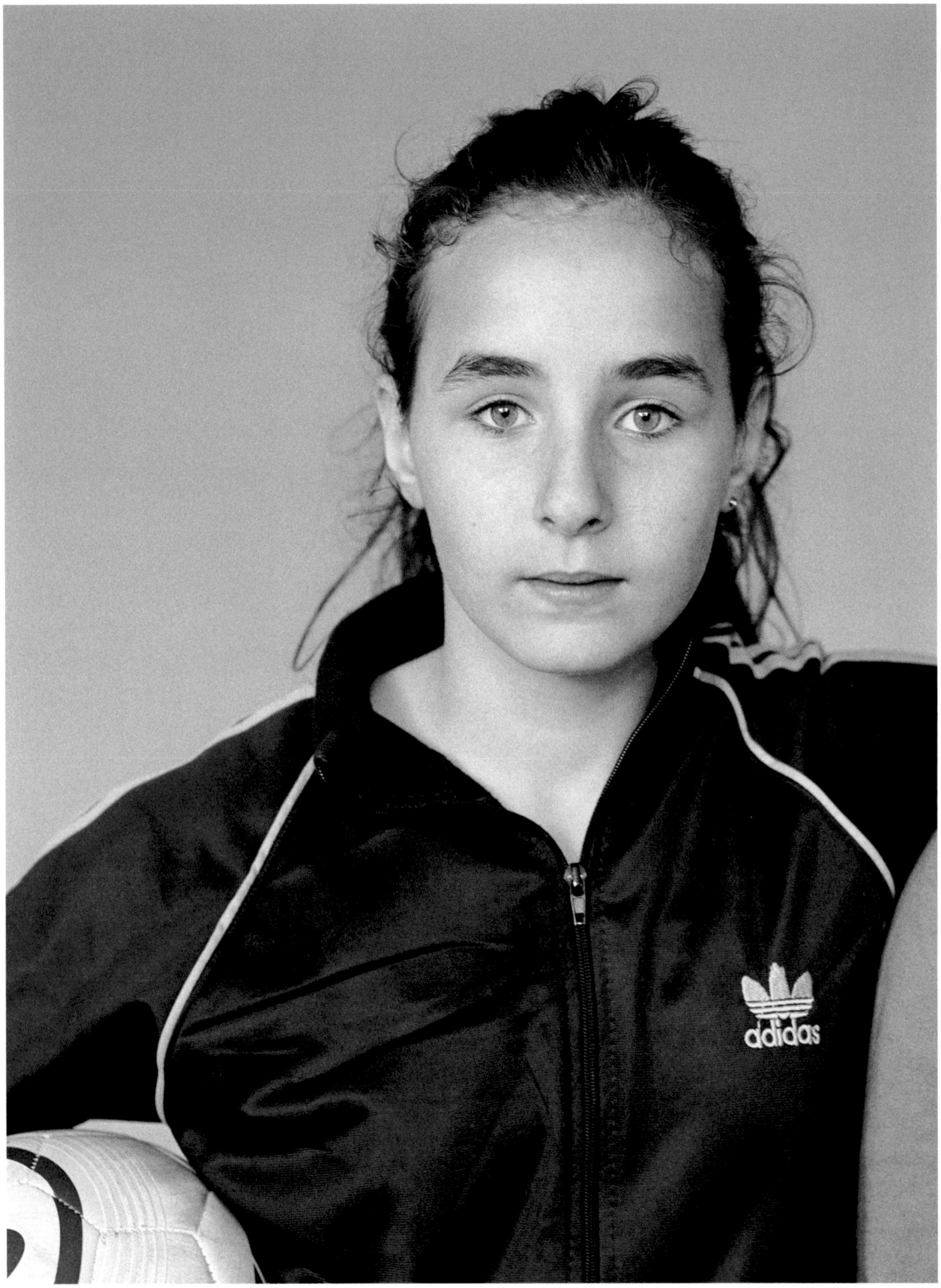

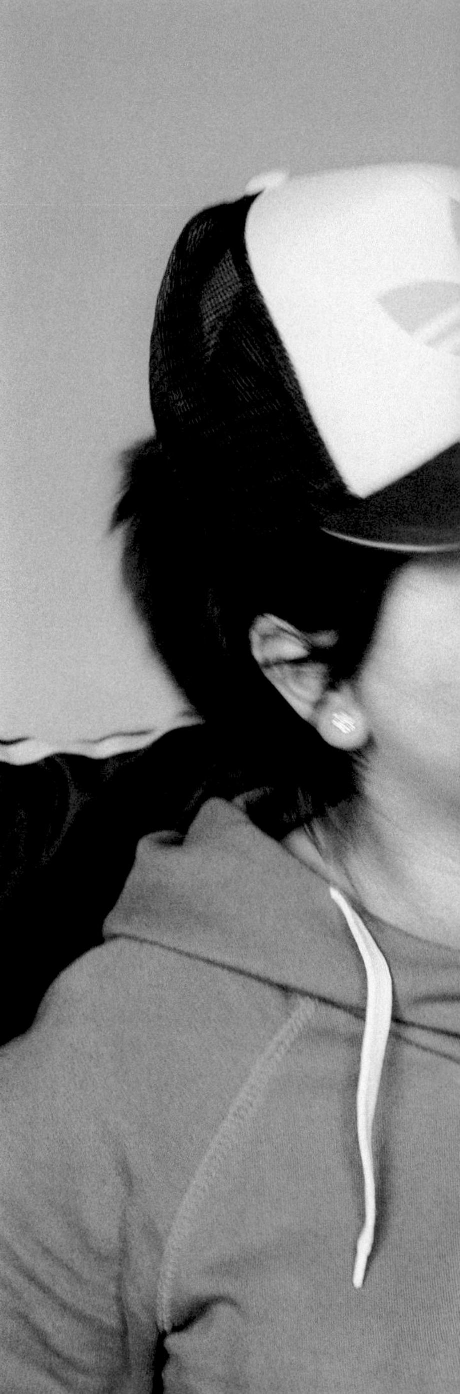

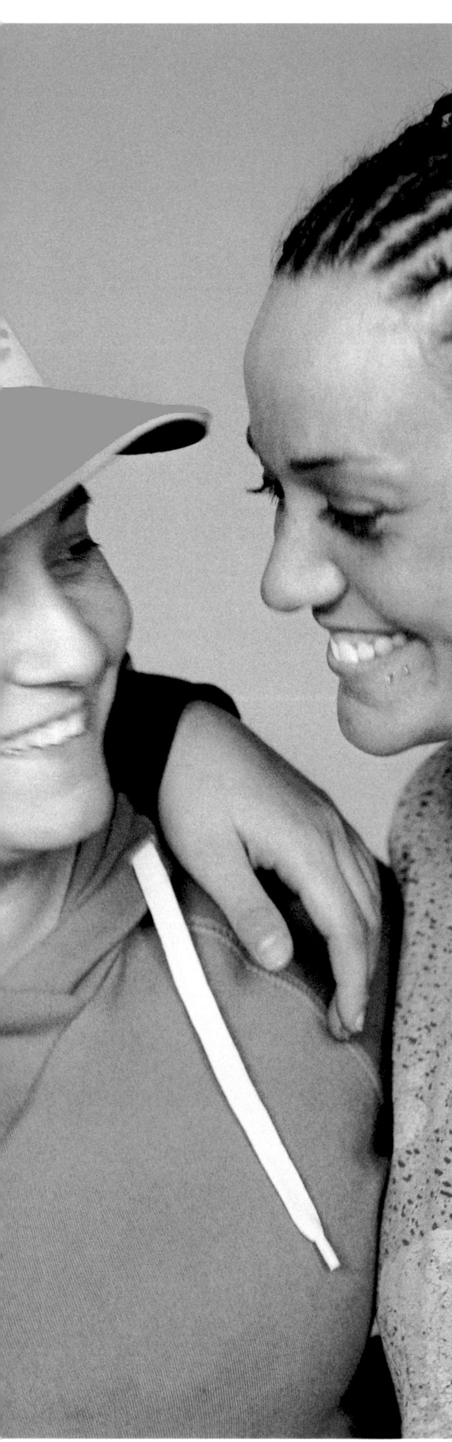

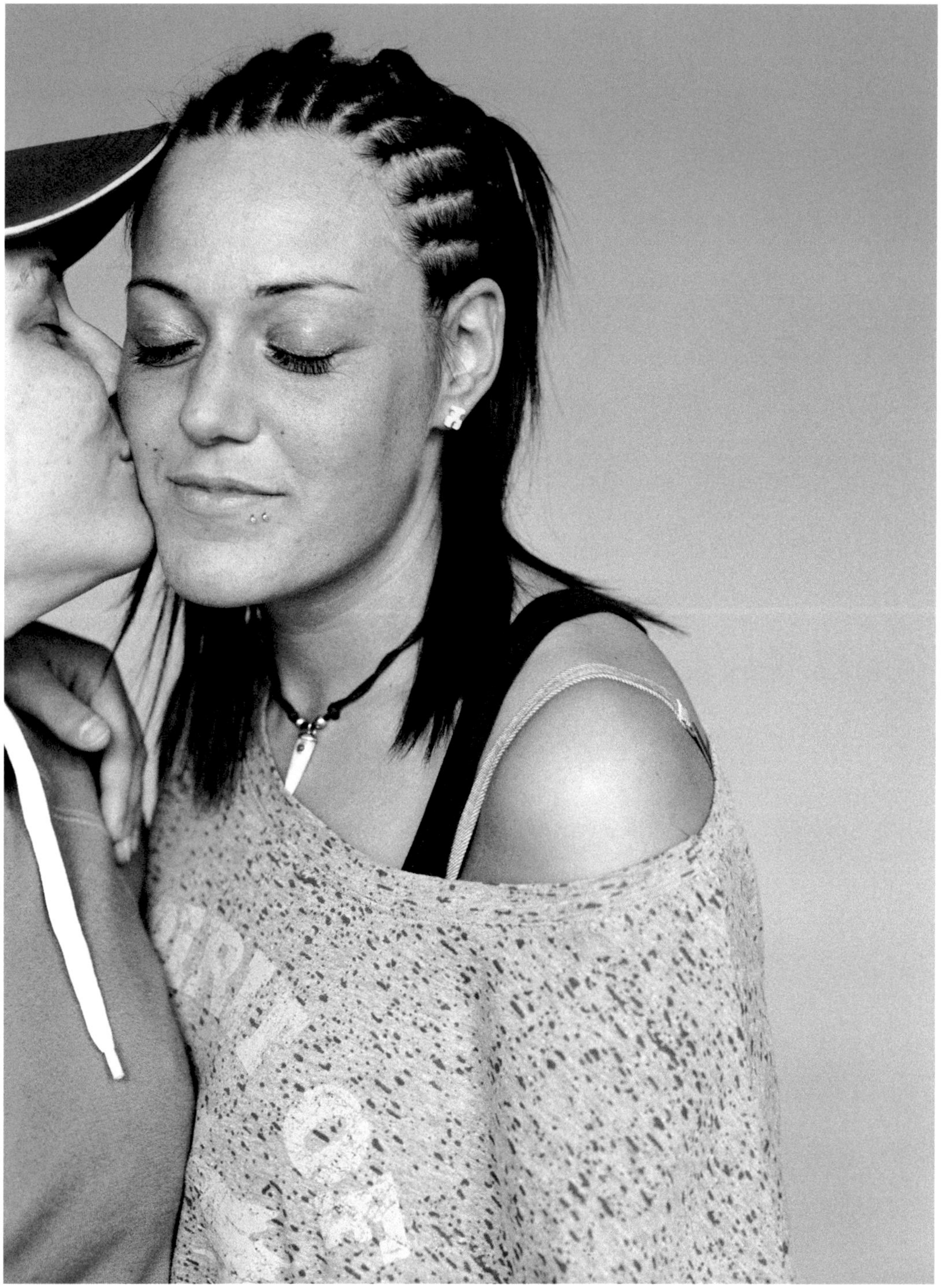

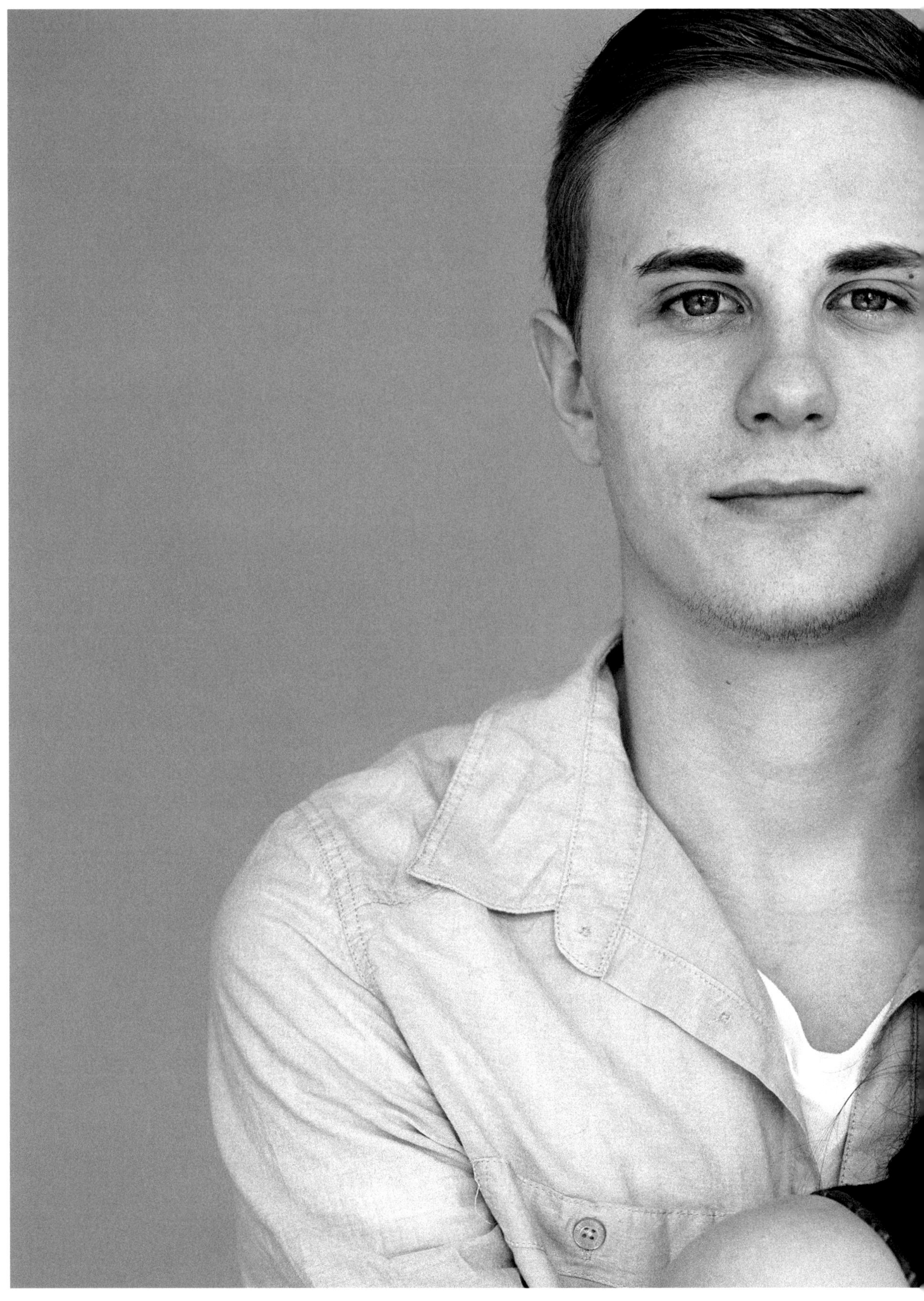

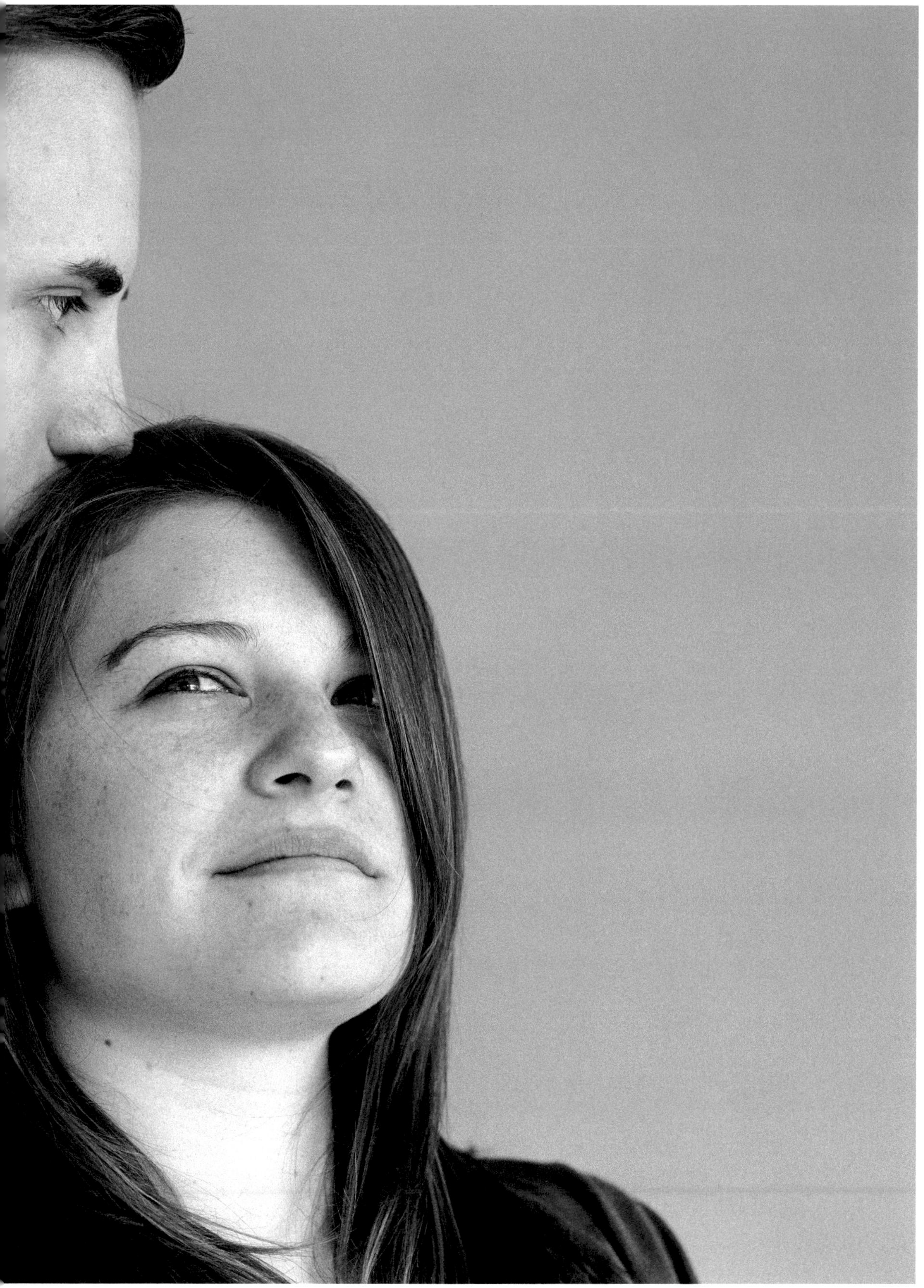

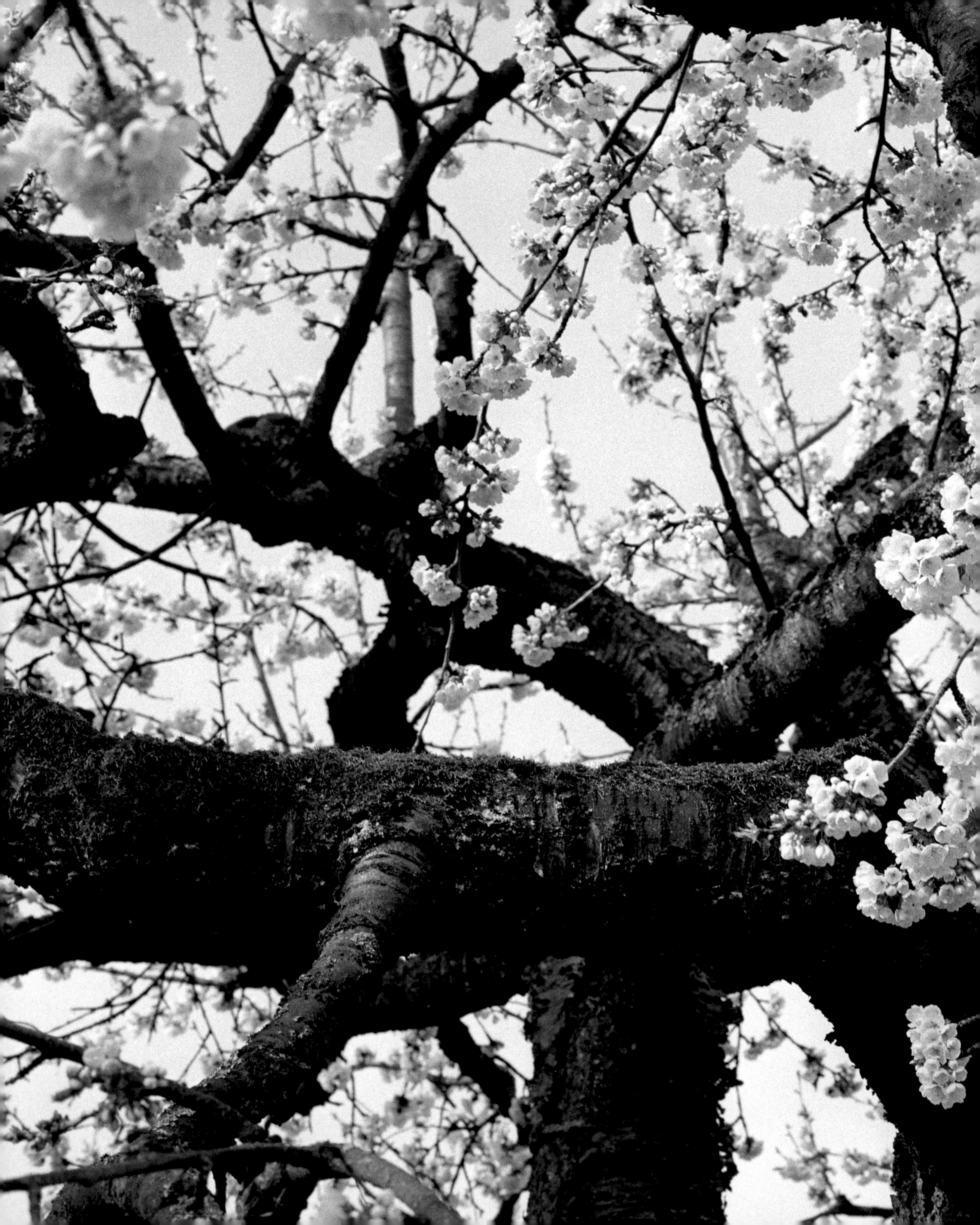

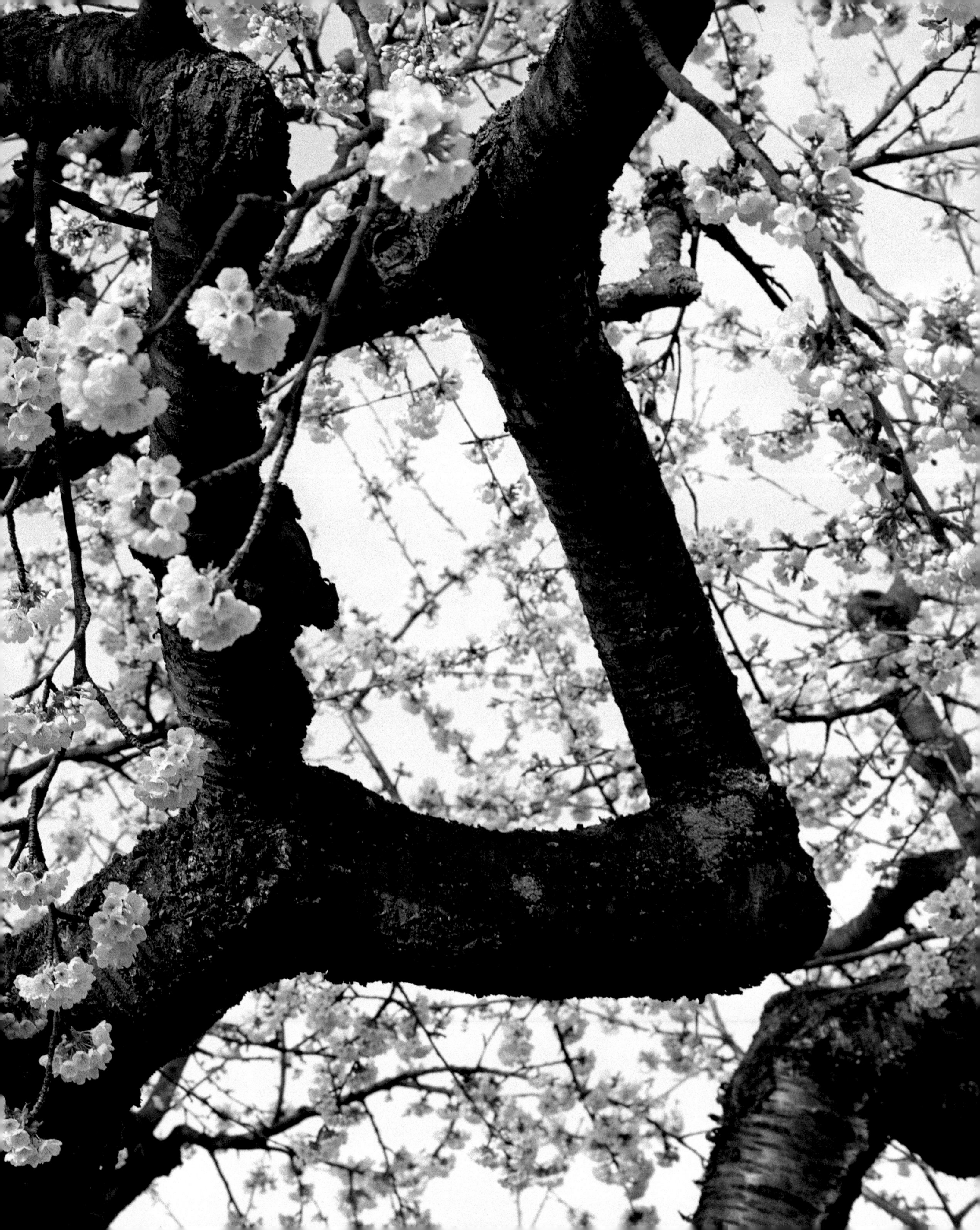

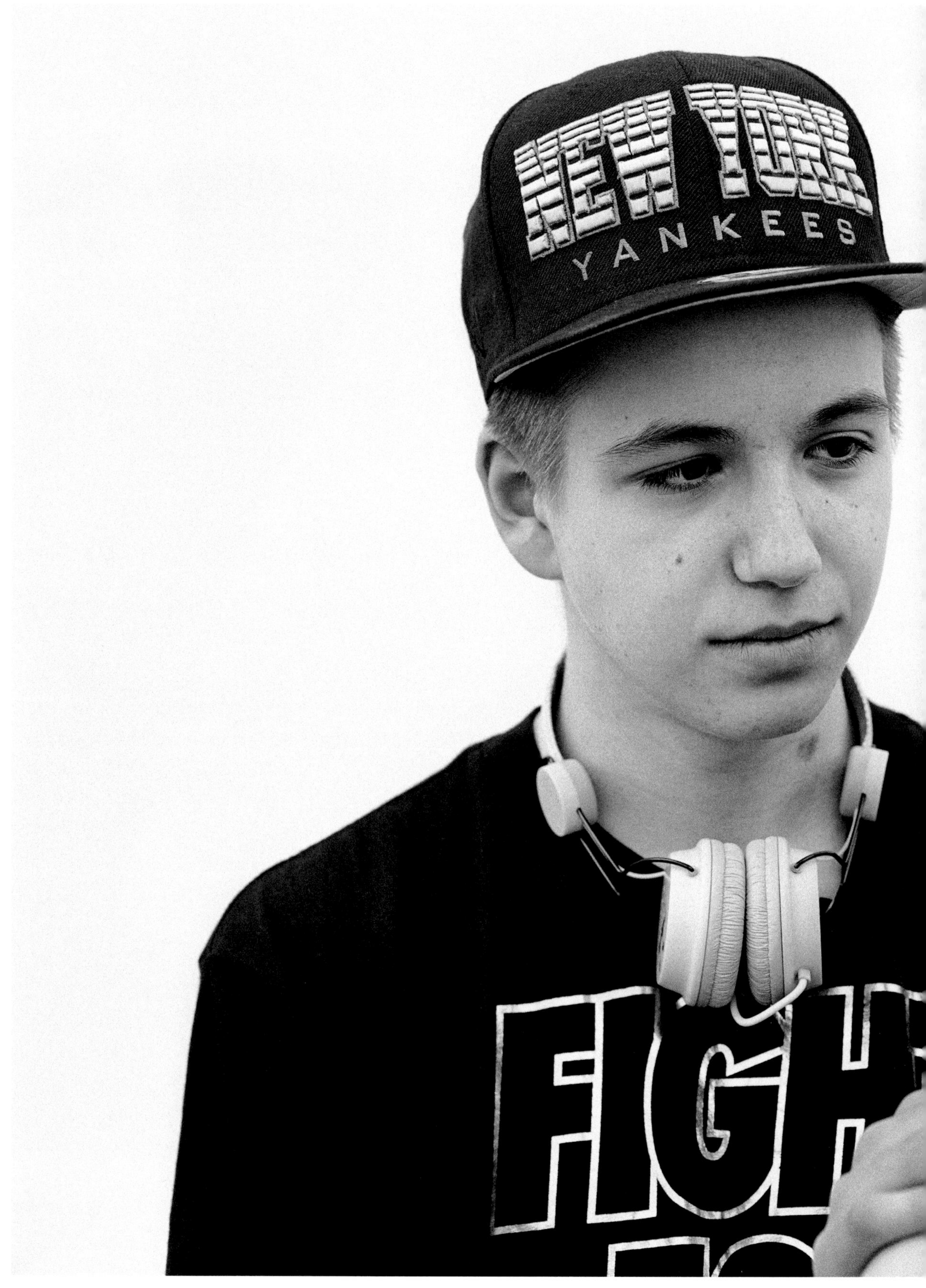
NEW YORK
YANKEES

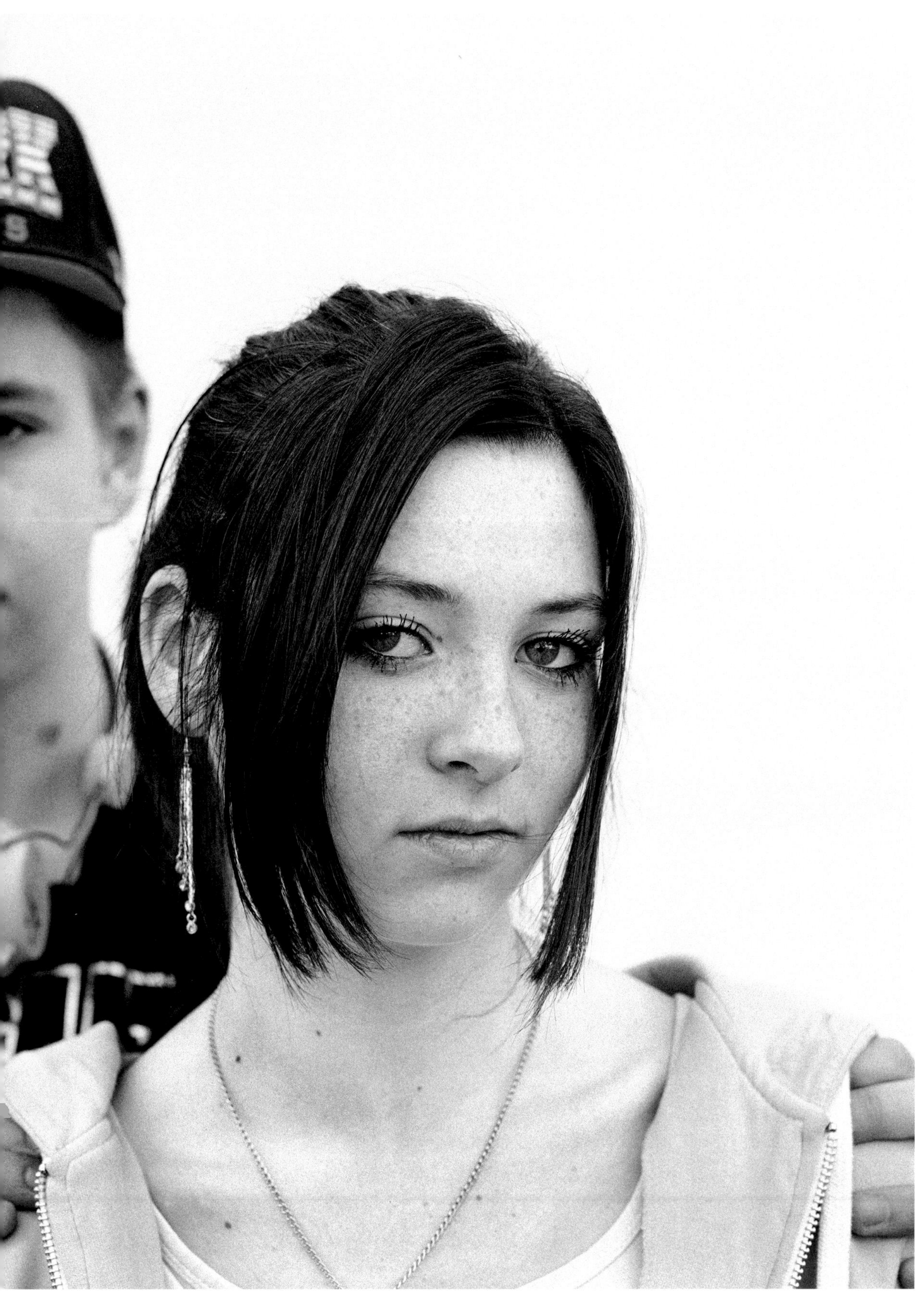

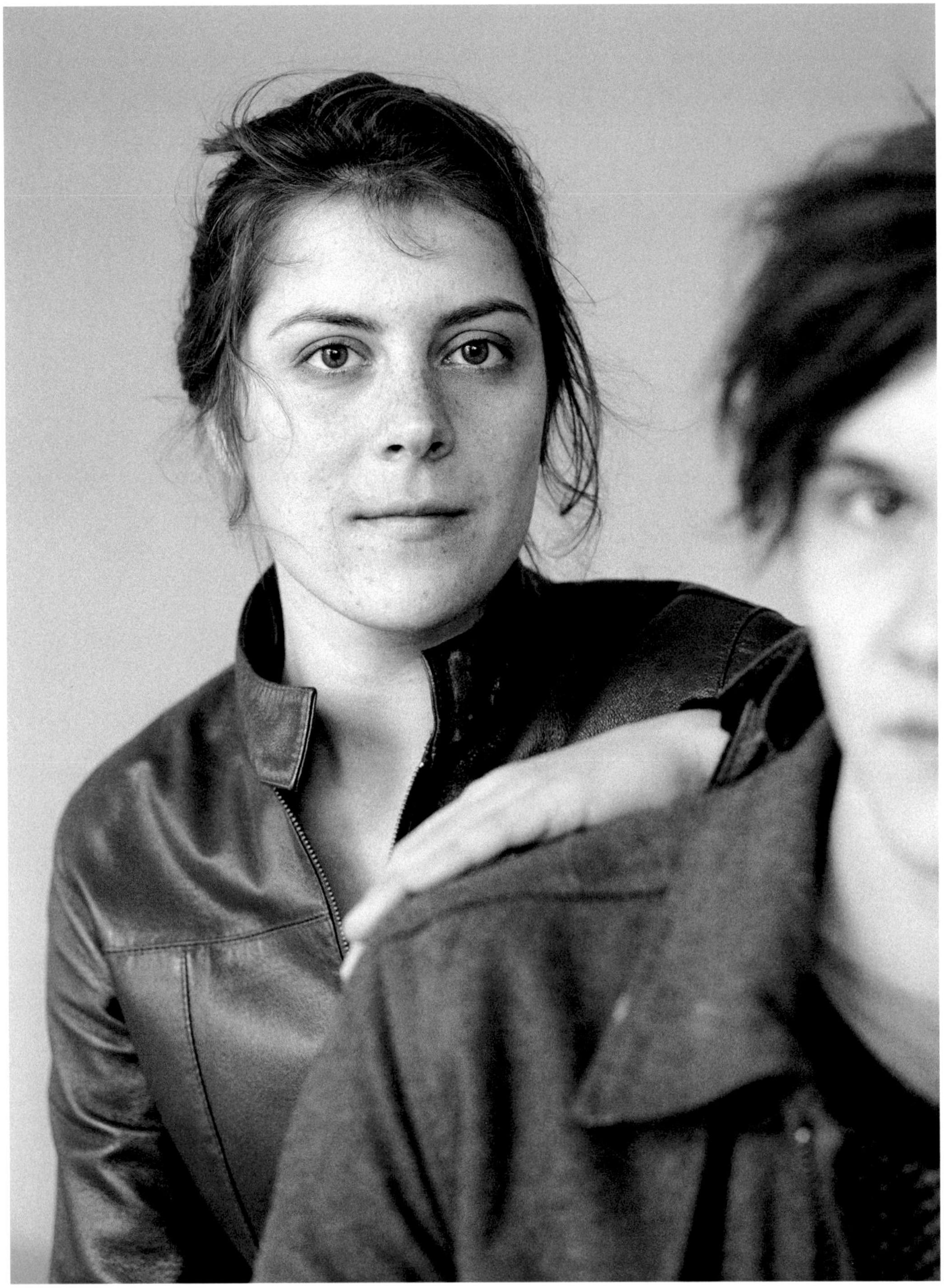

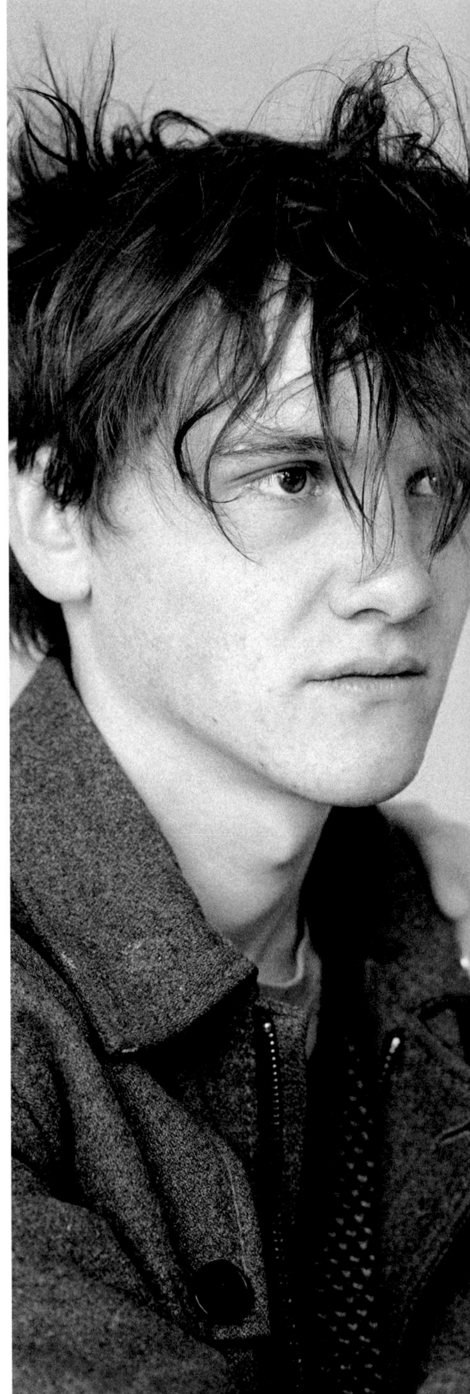

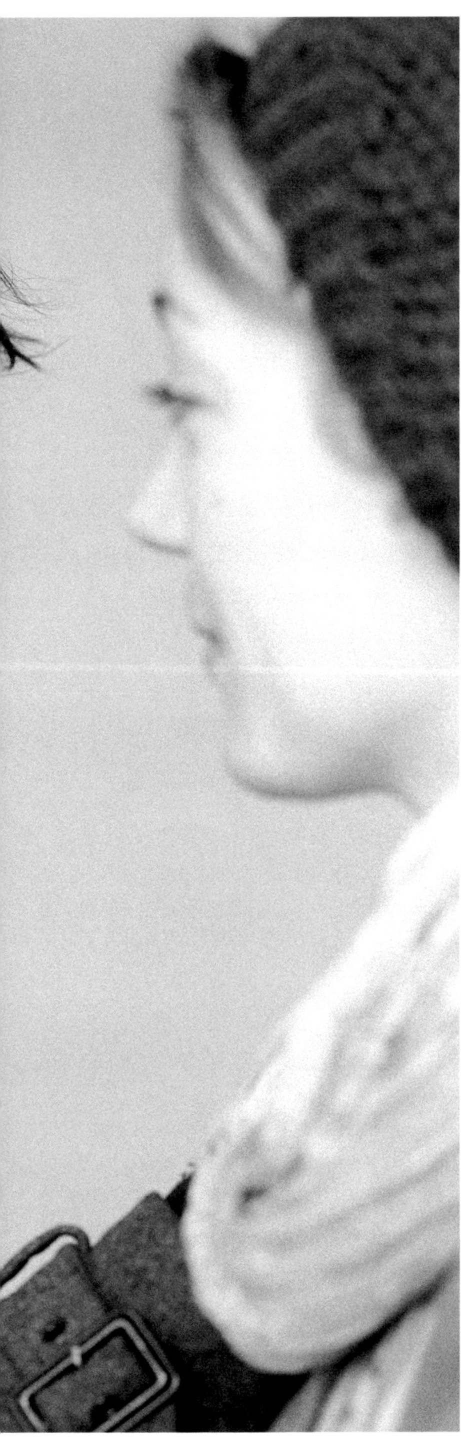

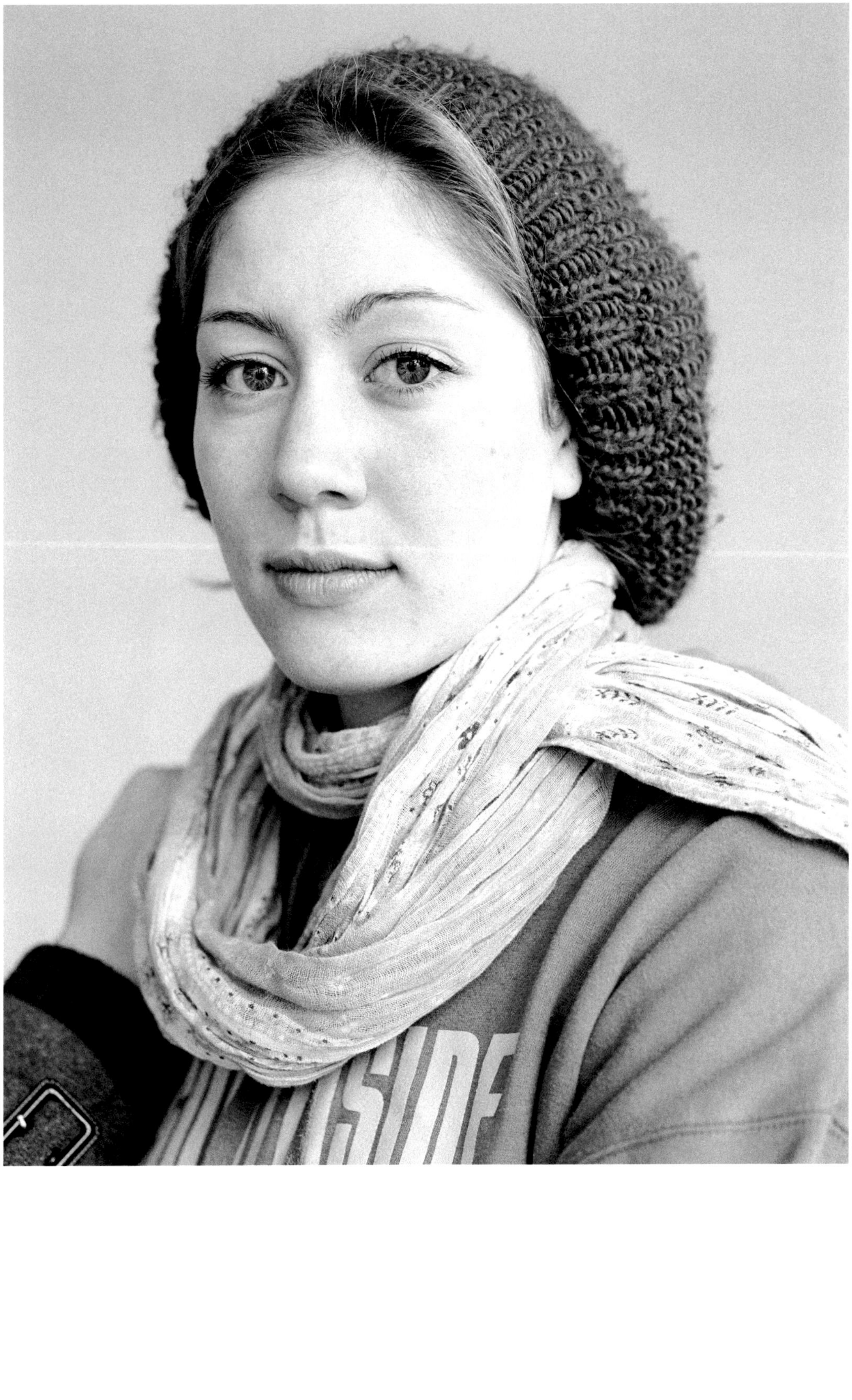

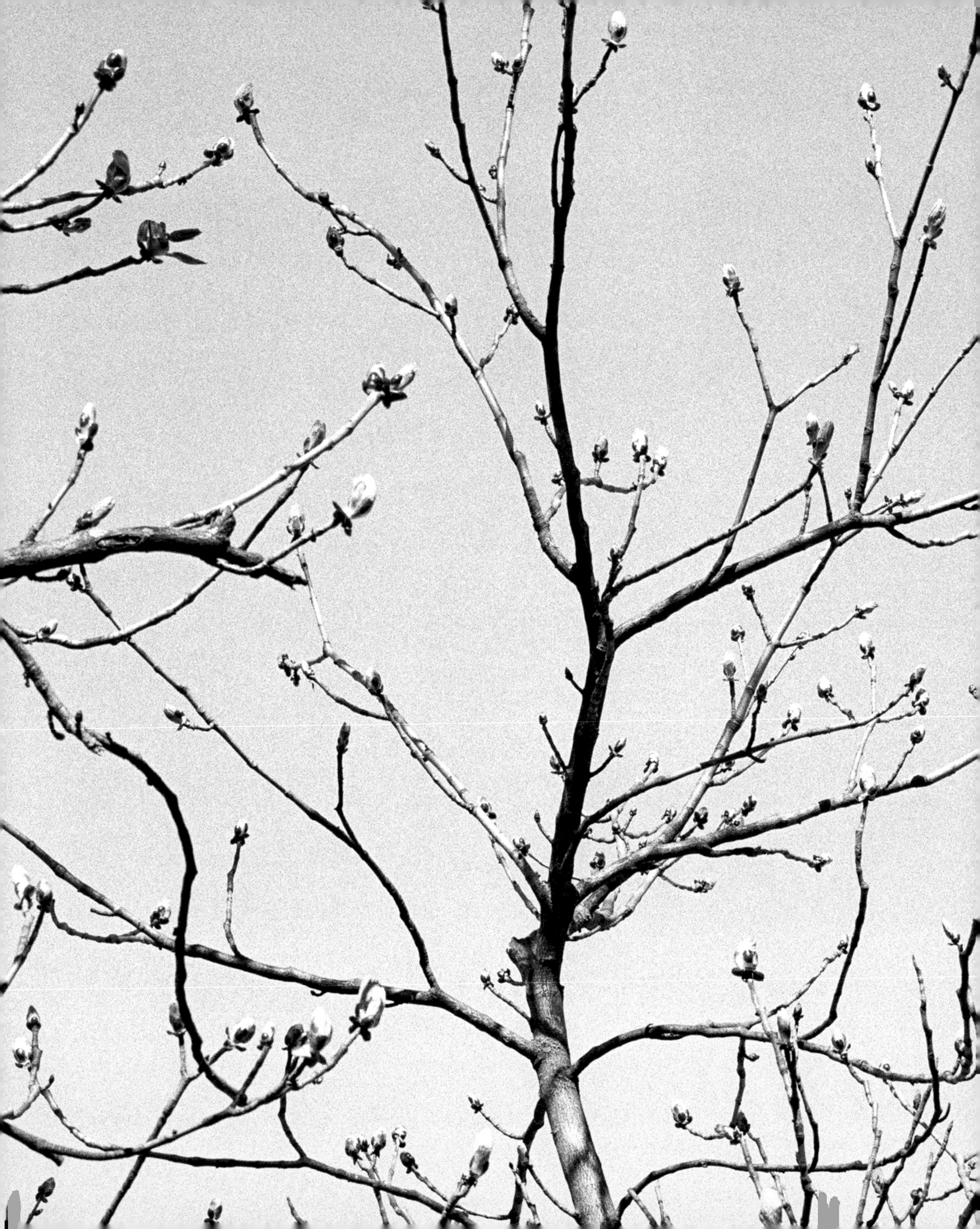

BEYOND

2008 – 2010

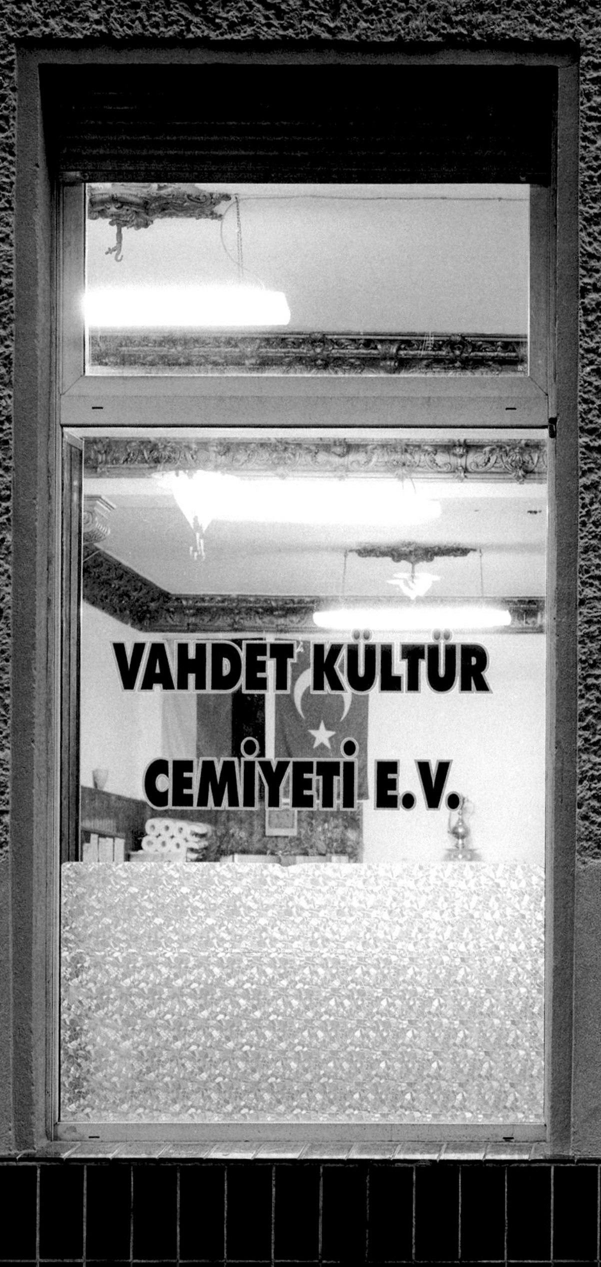
VAHDET KÜLTÜR
CEMİYETİ E.V.
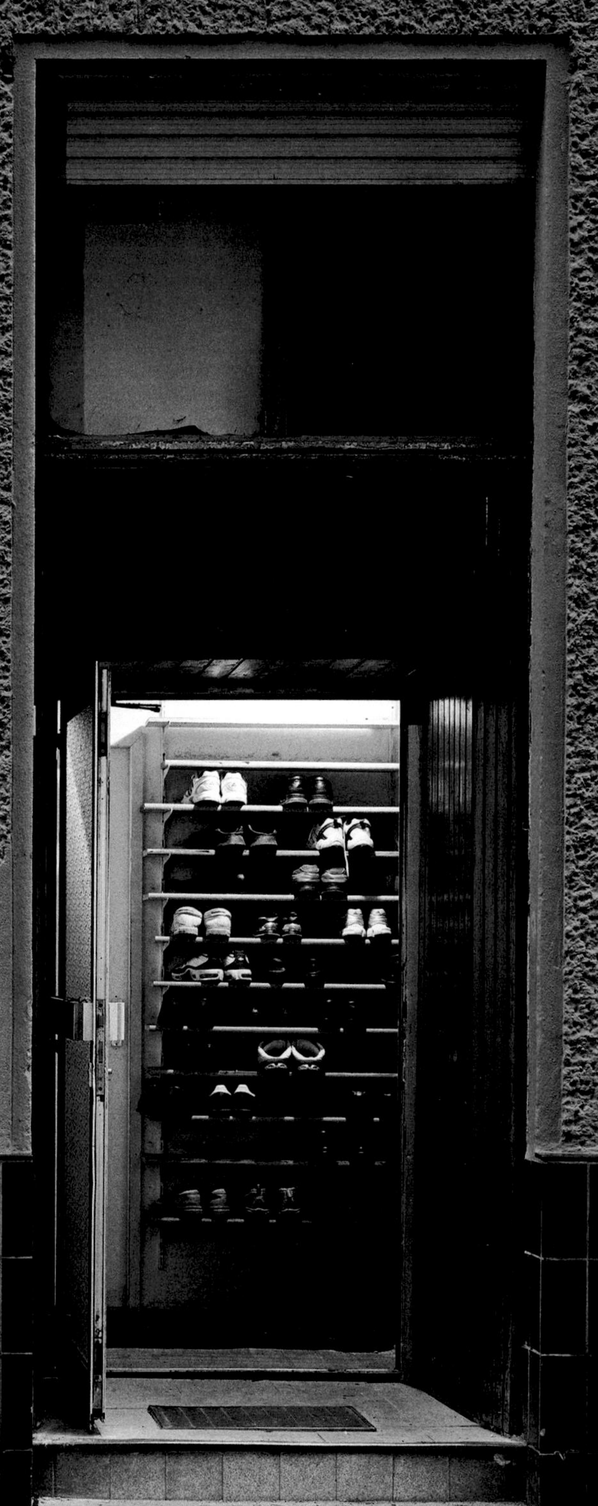

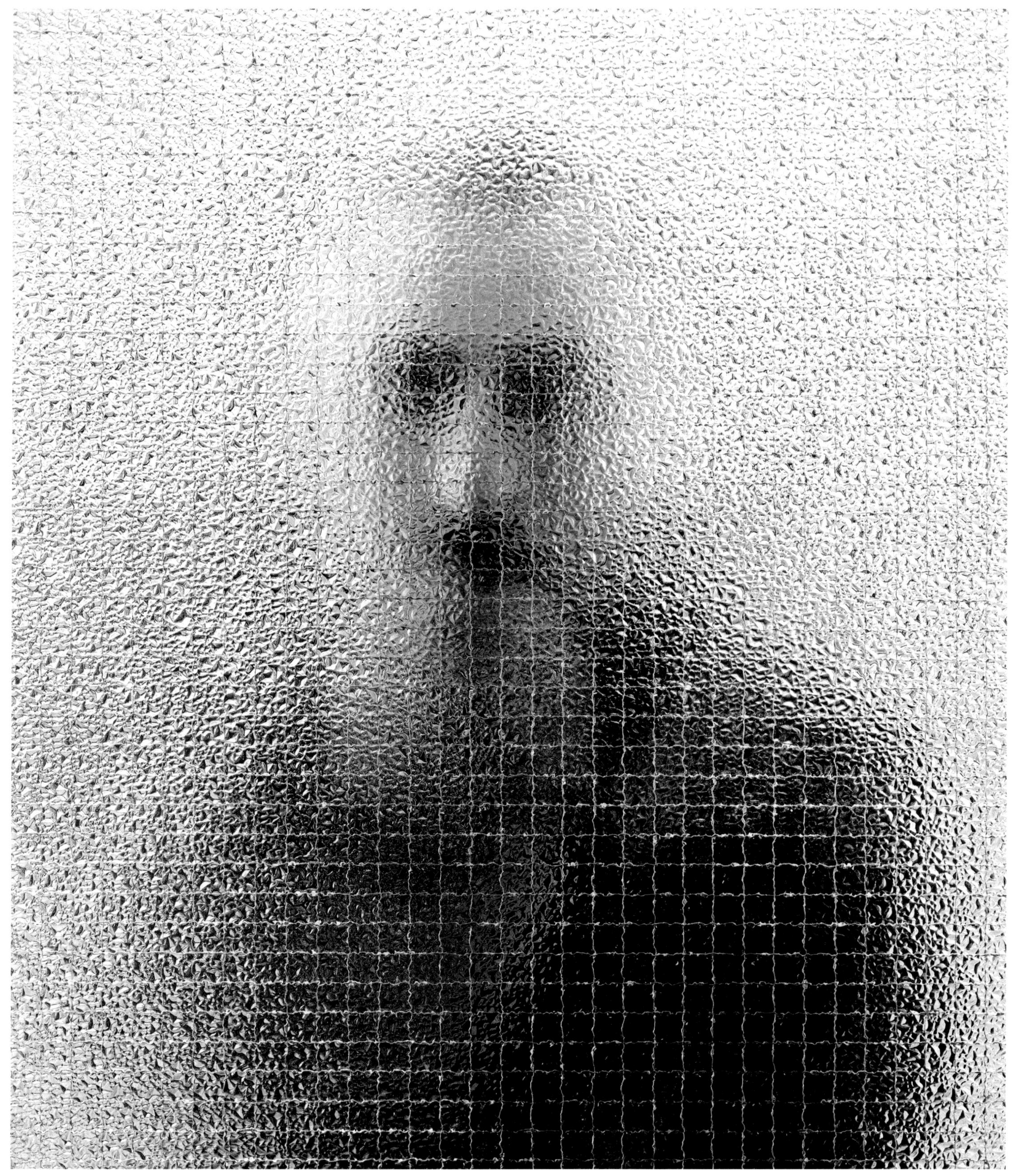

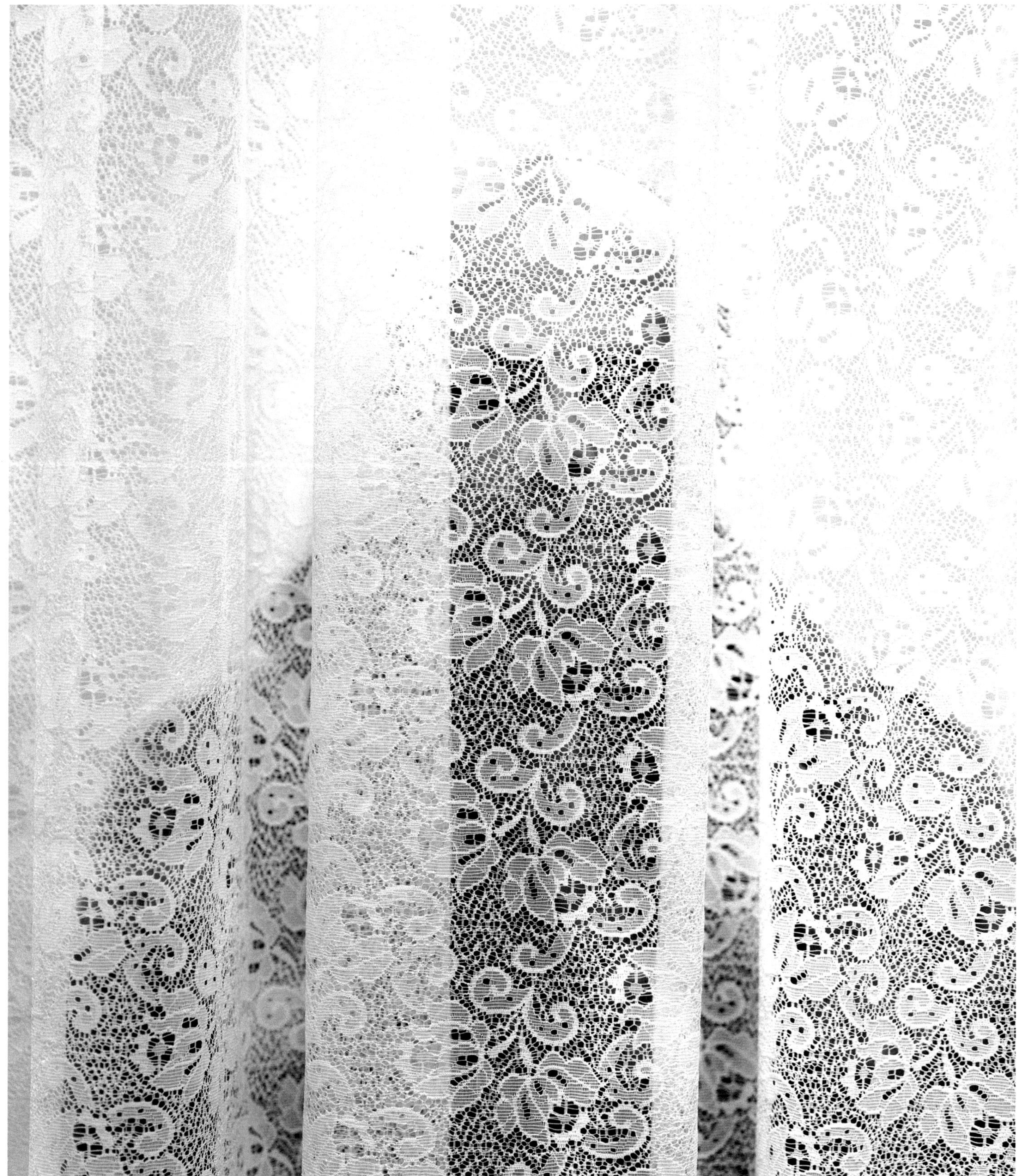

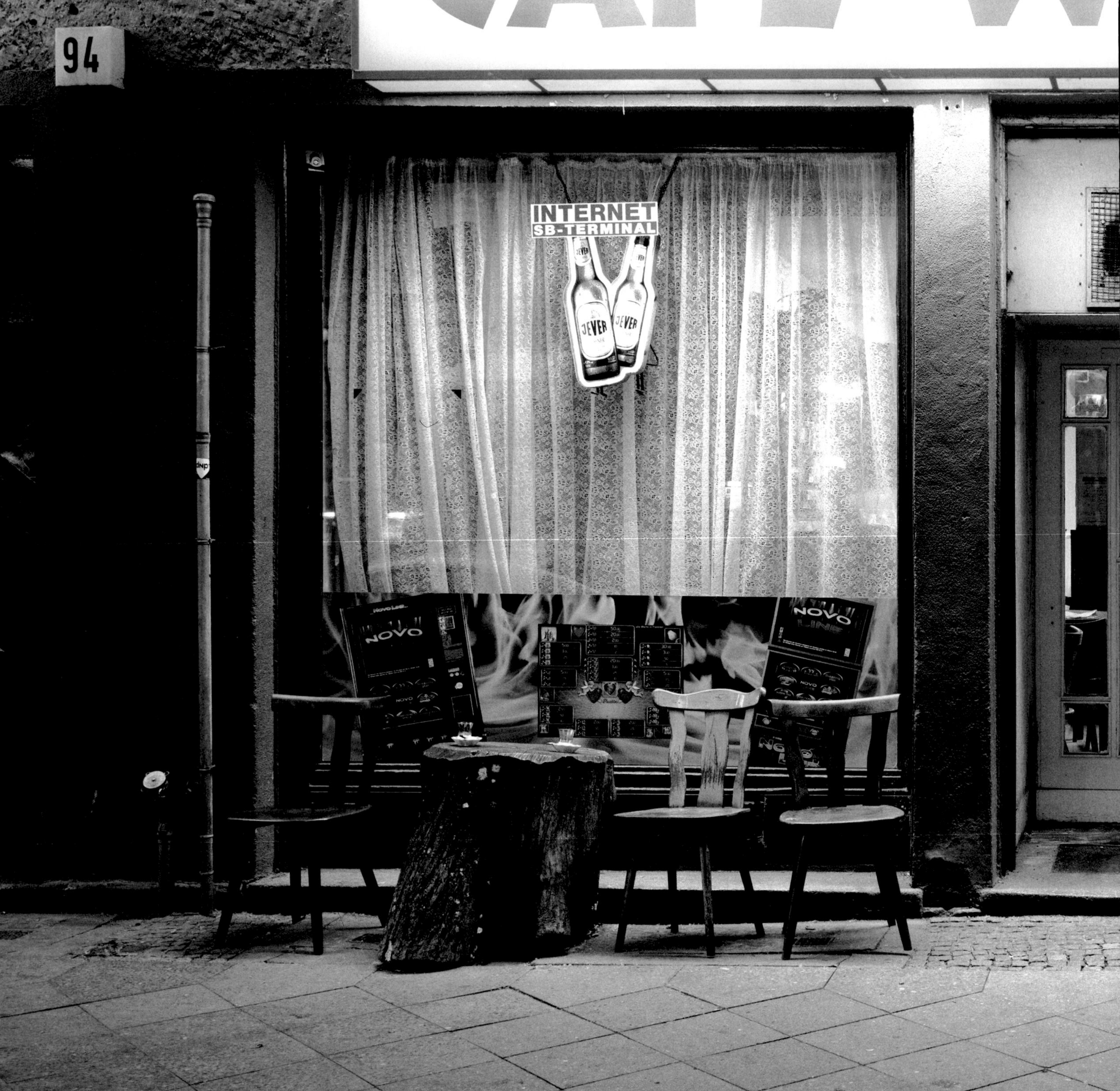
CAFÉ
94
INTERNET
SB-TERMINAL
JEVER
NOVO

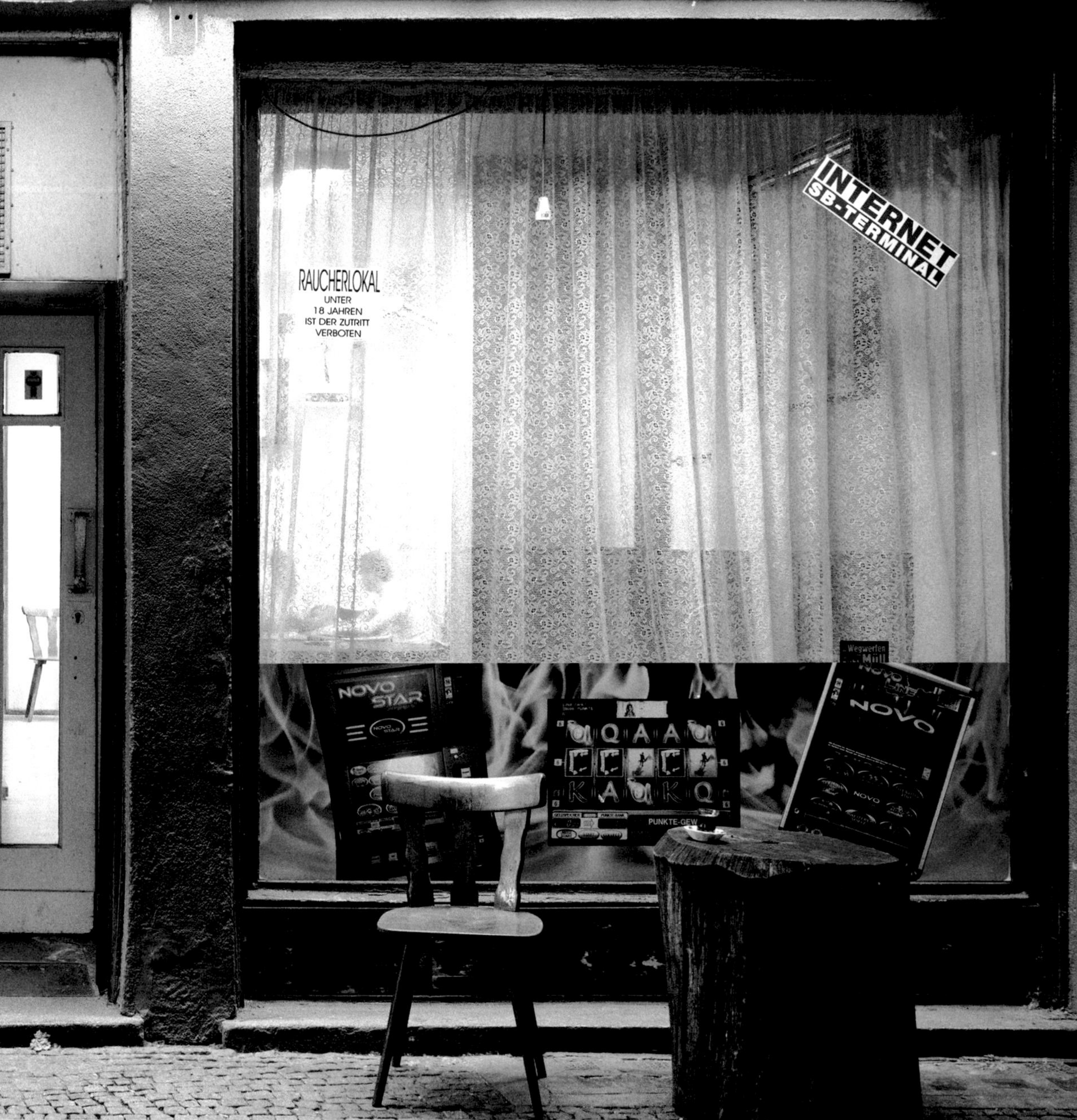
RANGEL
RAUCHERLOKAL
UNTER
18 JAHREN
IST DER ZUTRITT
VERBOTEN
INTERNET
SB-TERMINAL
NOVO
STAR
NOVO

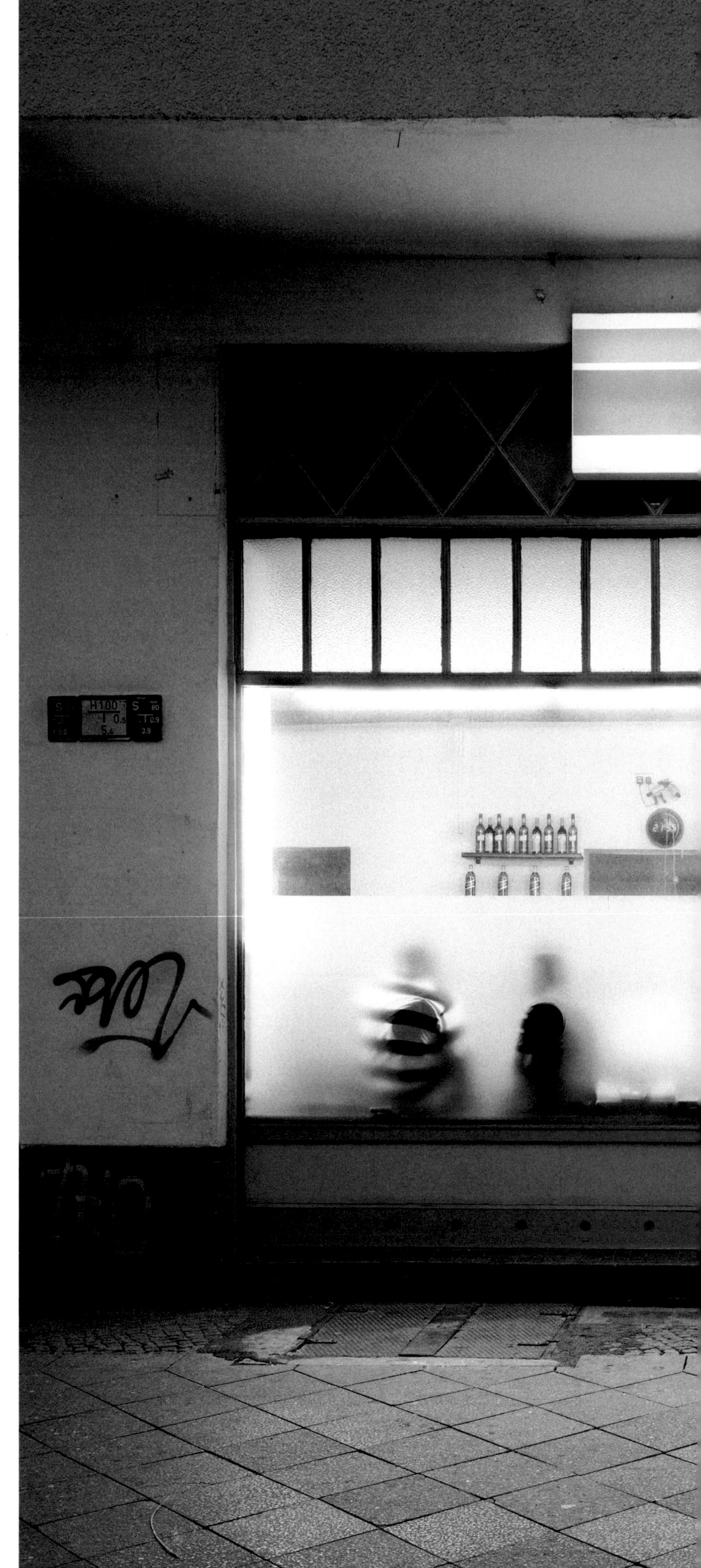
S
H100
S
80
0.5
0.9
3.9

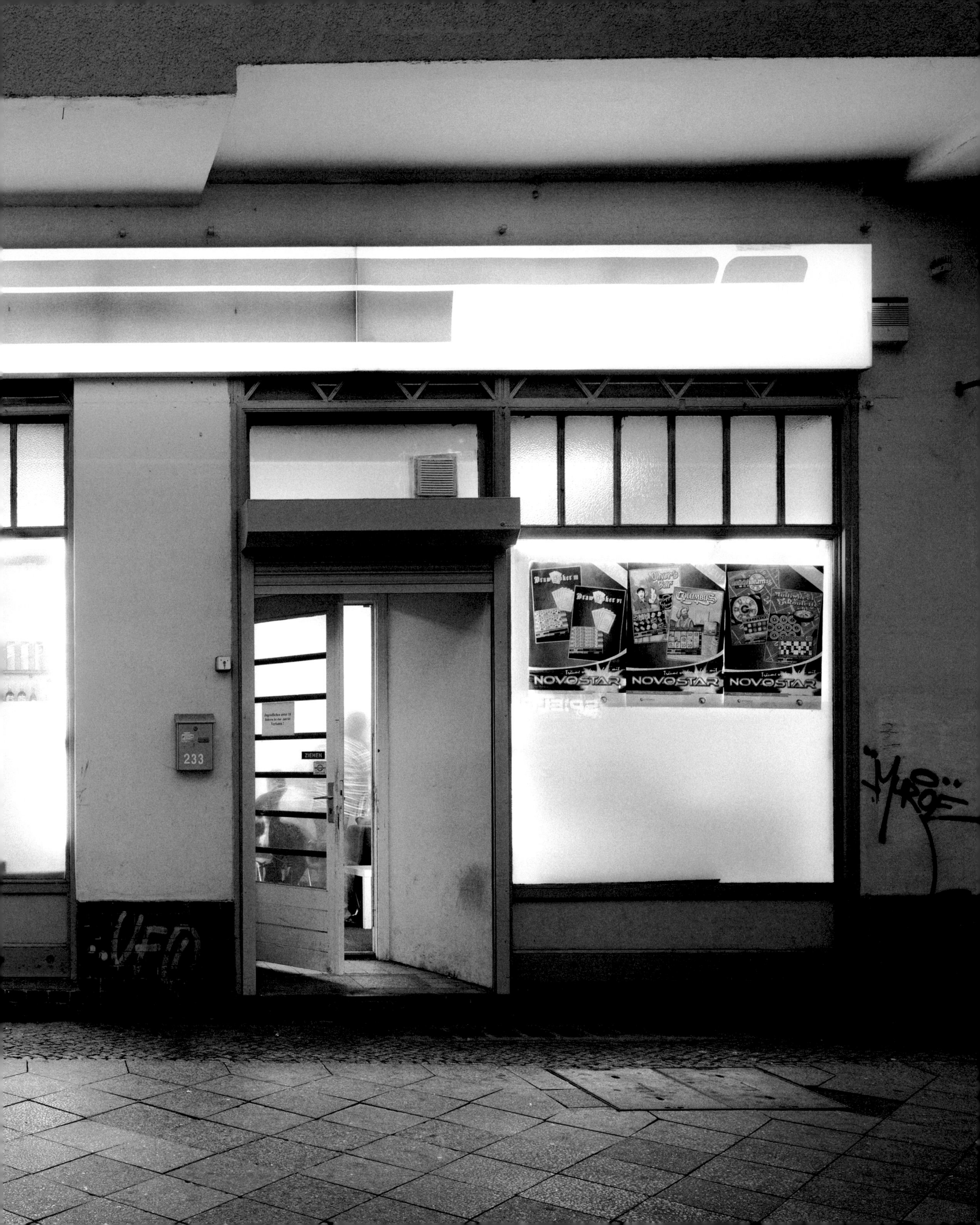
Oliver's Bar
COLUMBUS
NOVOSTAR
NOVOSTAR
NOVOSTAR
233
ZIEHEN

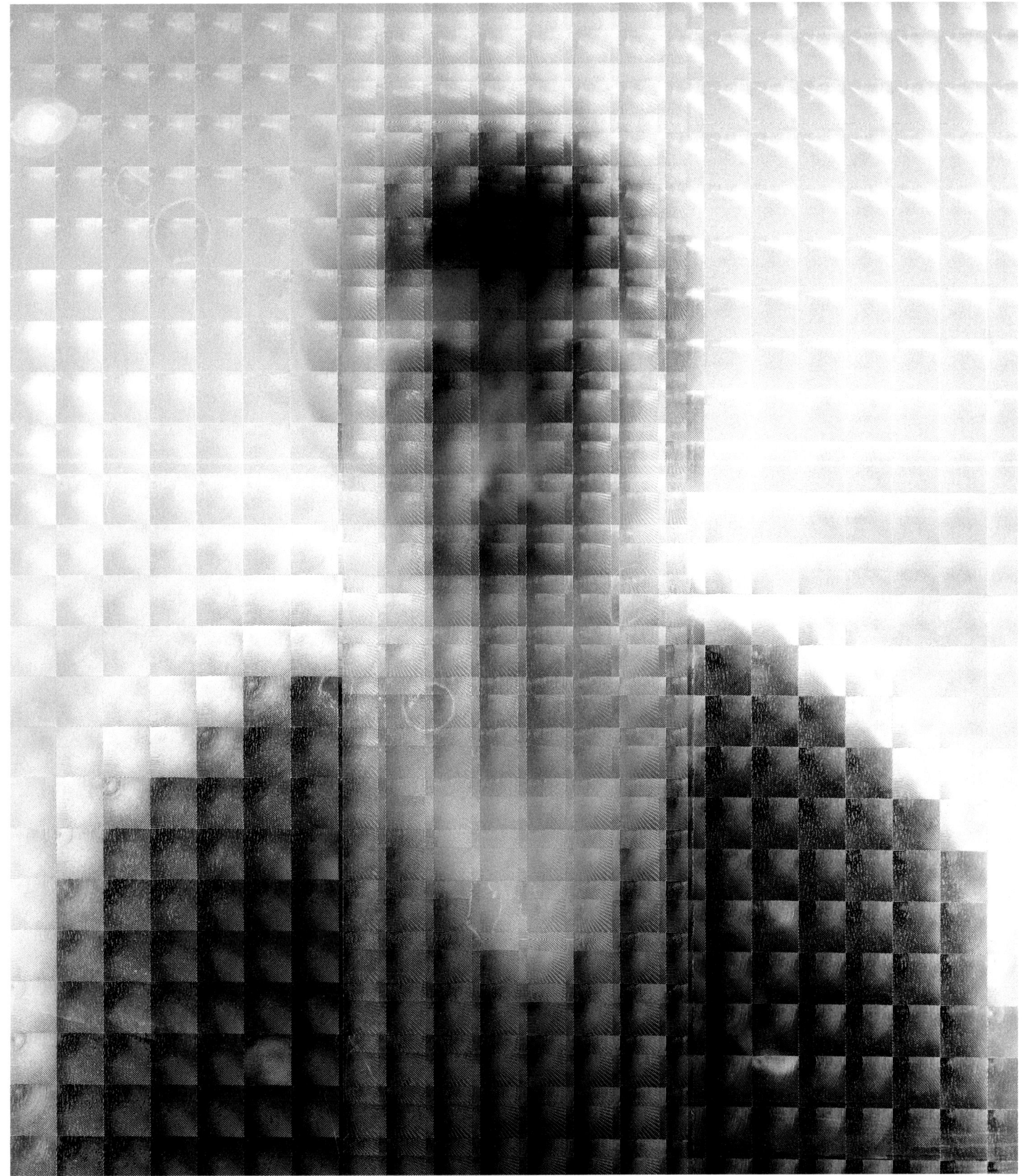

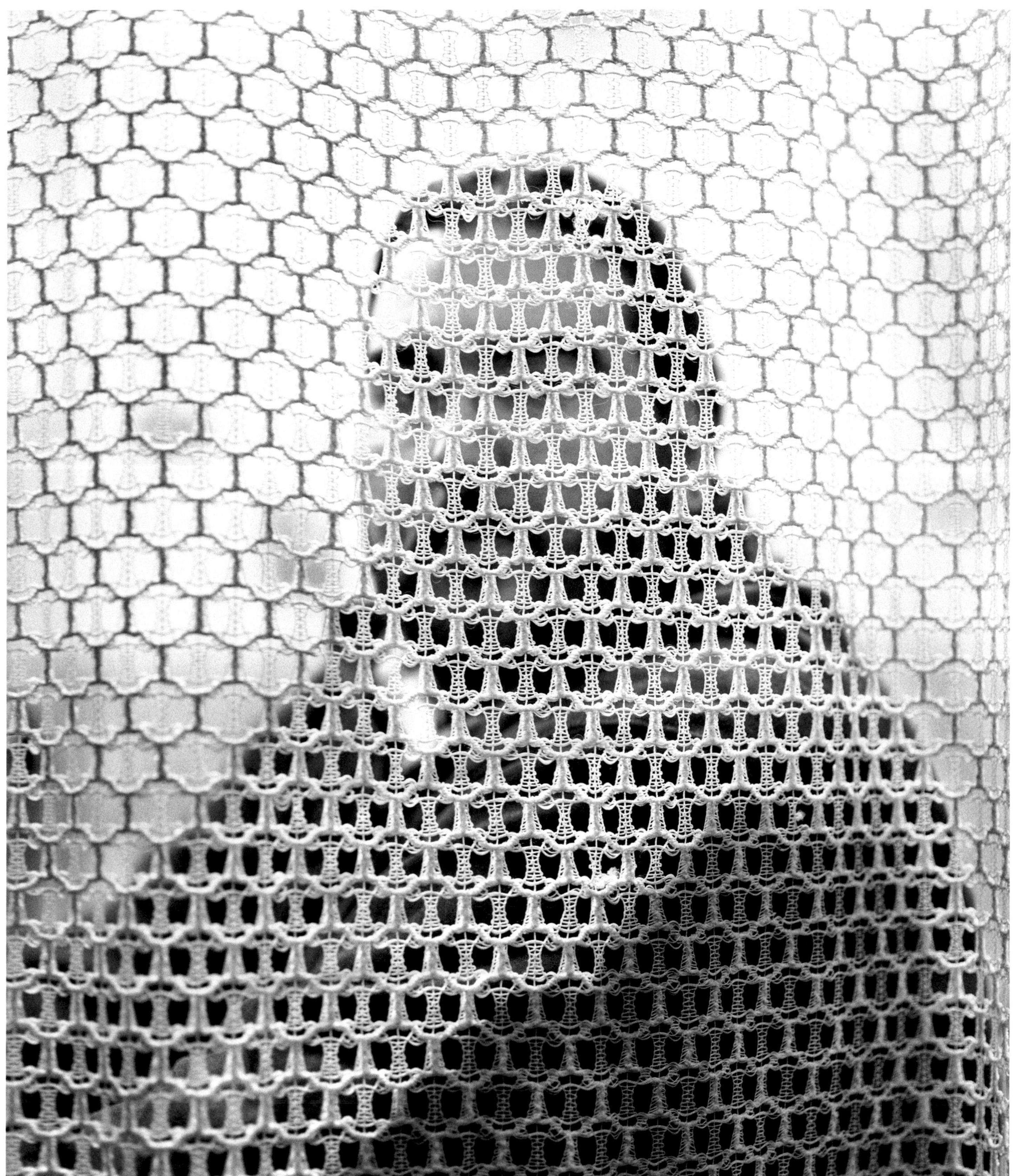

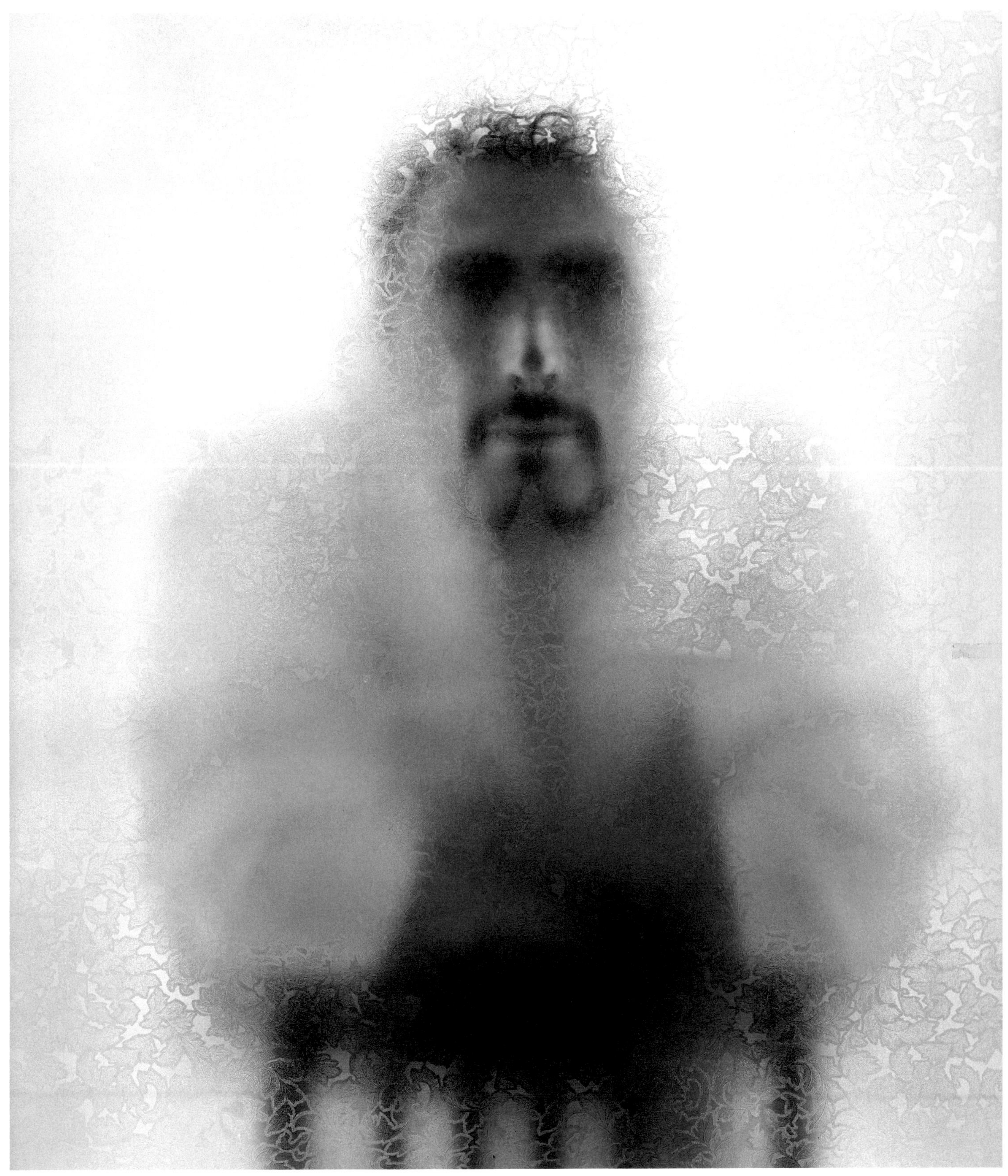

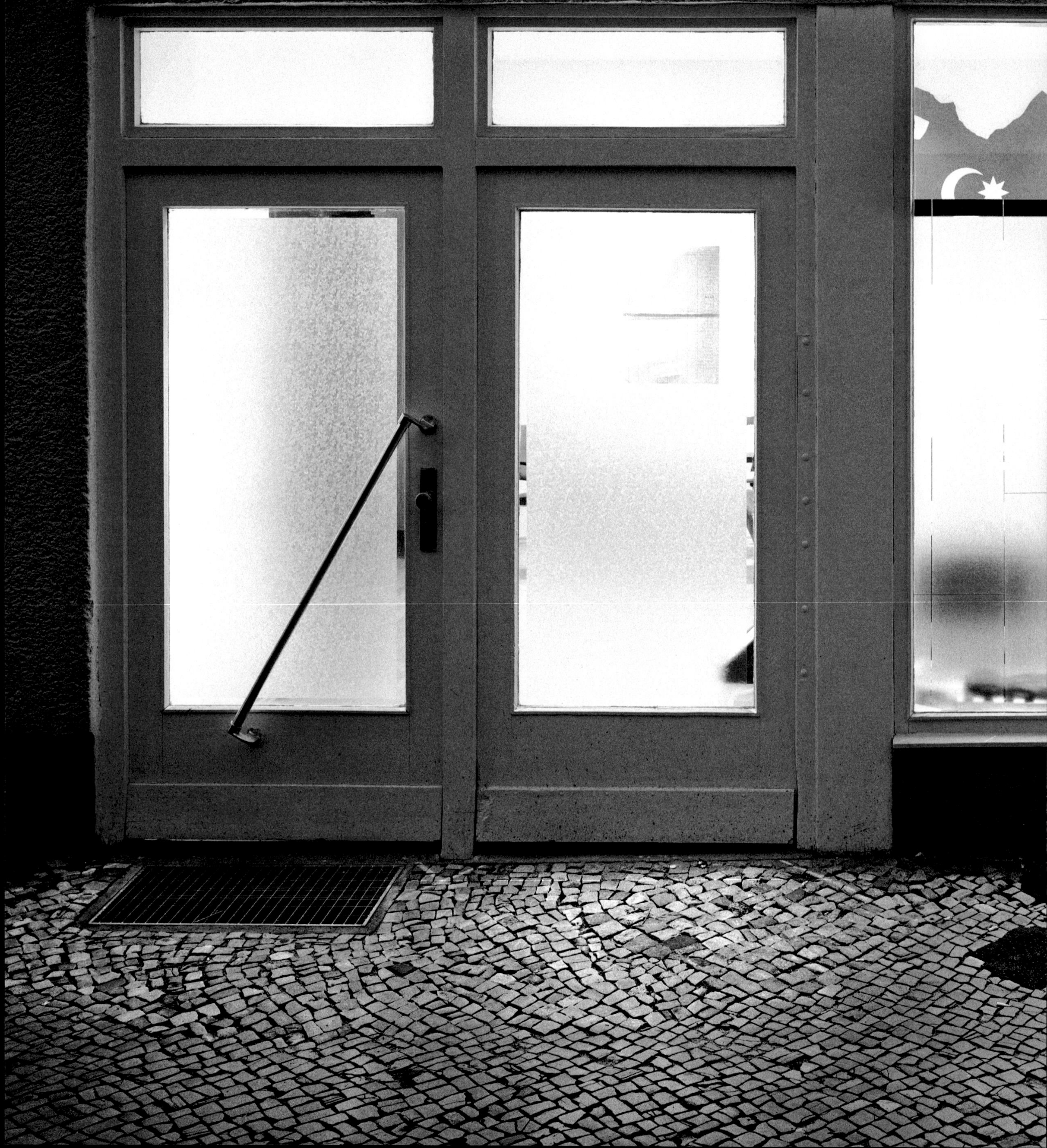

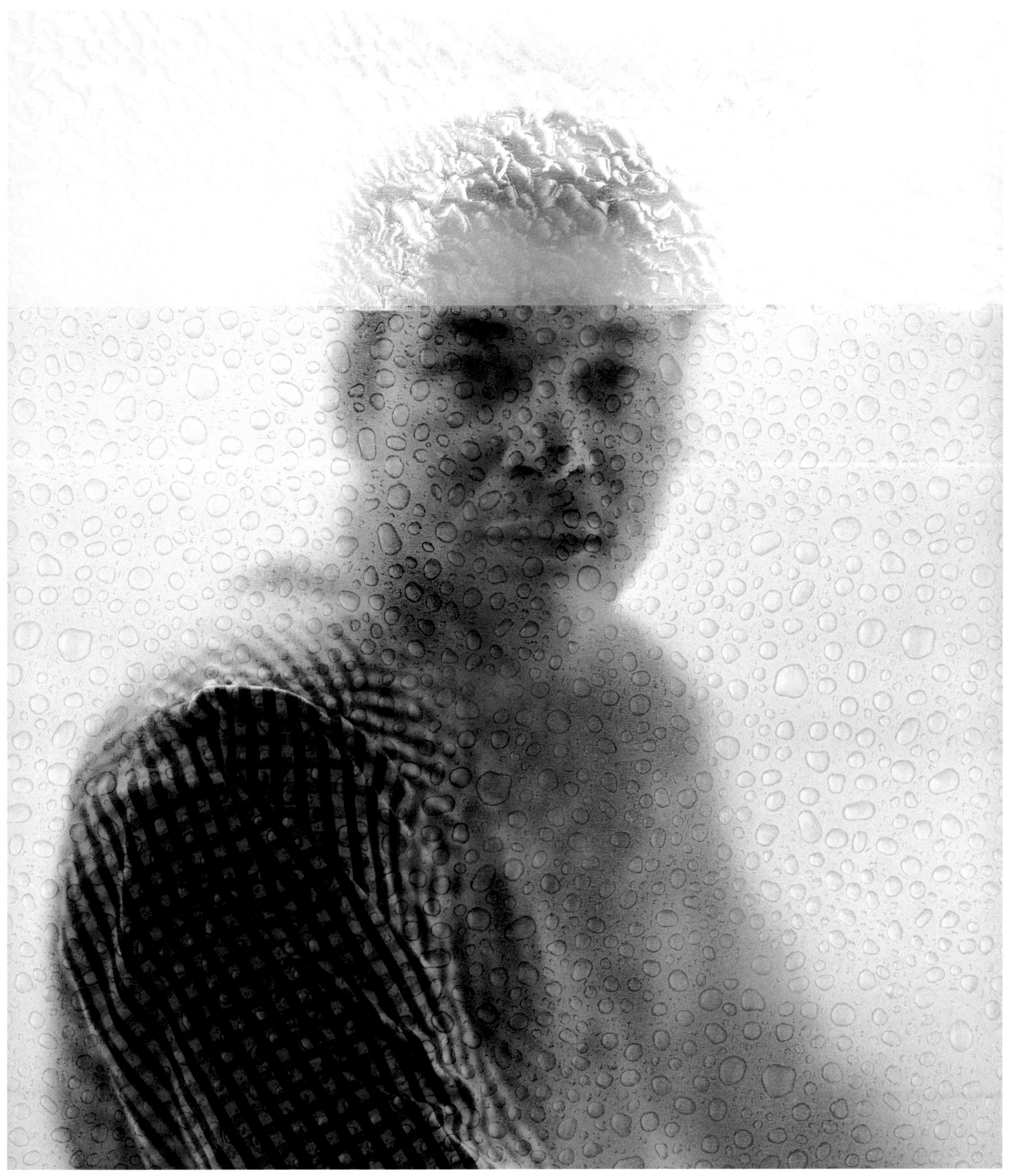

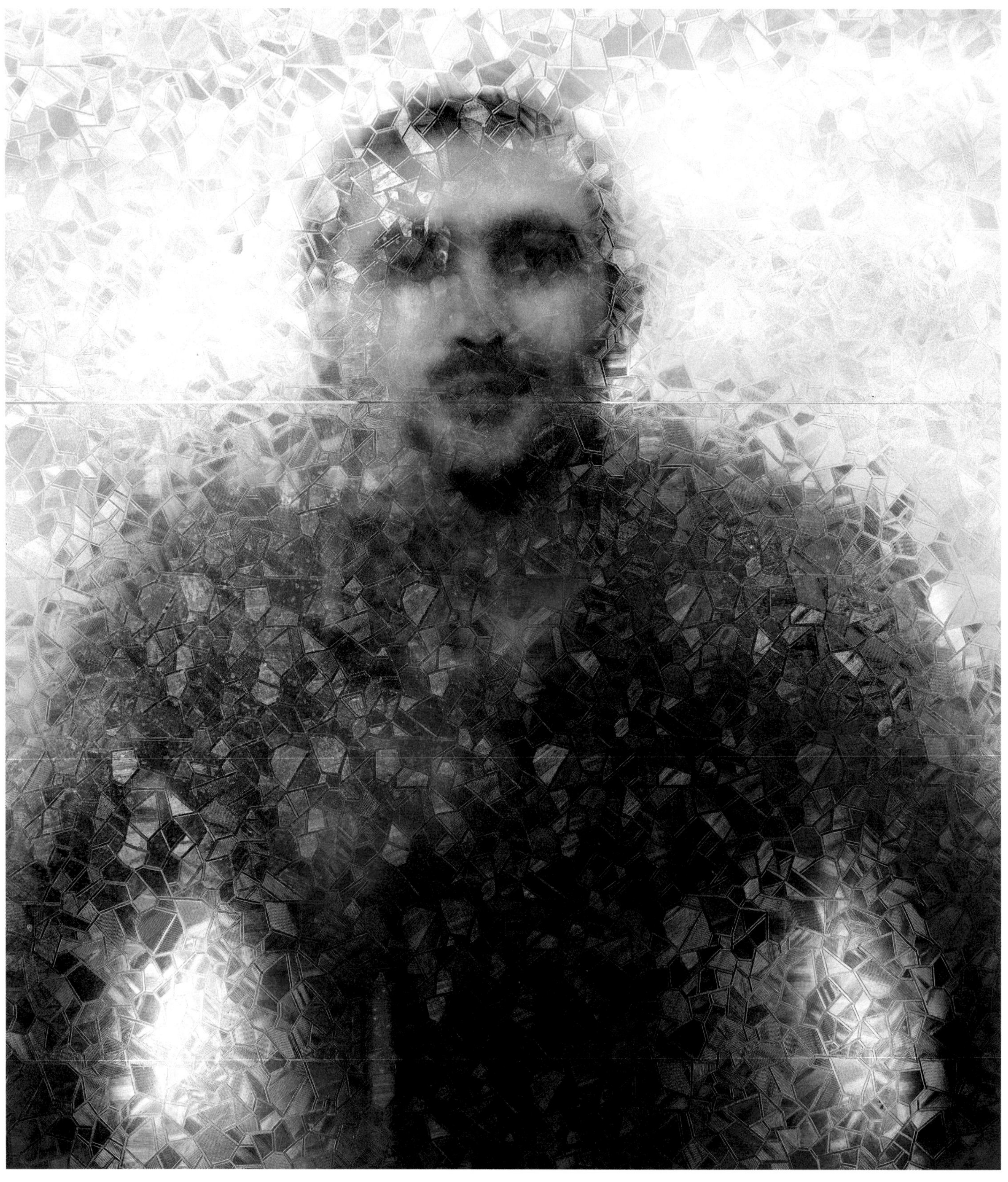

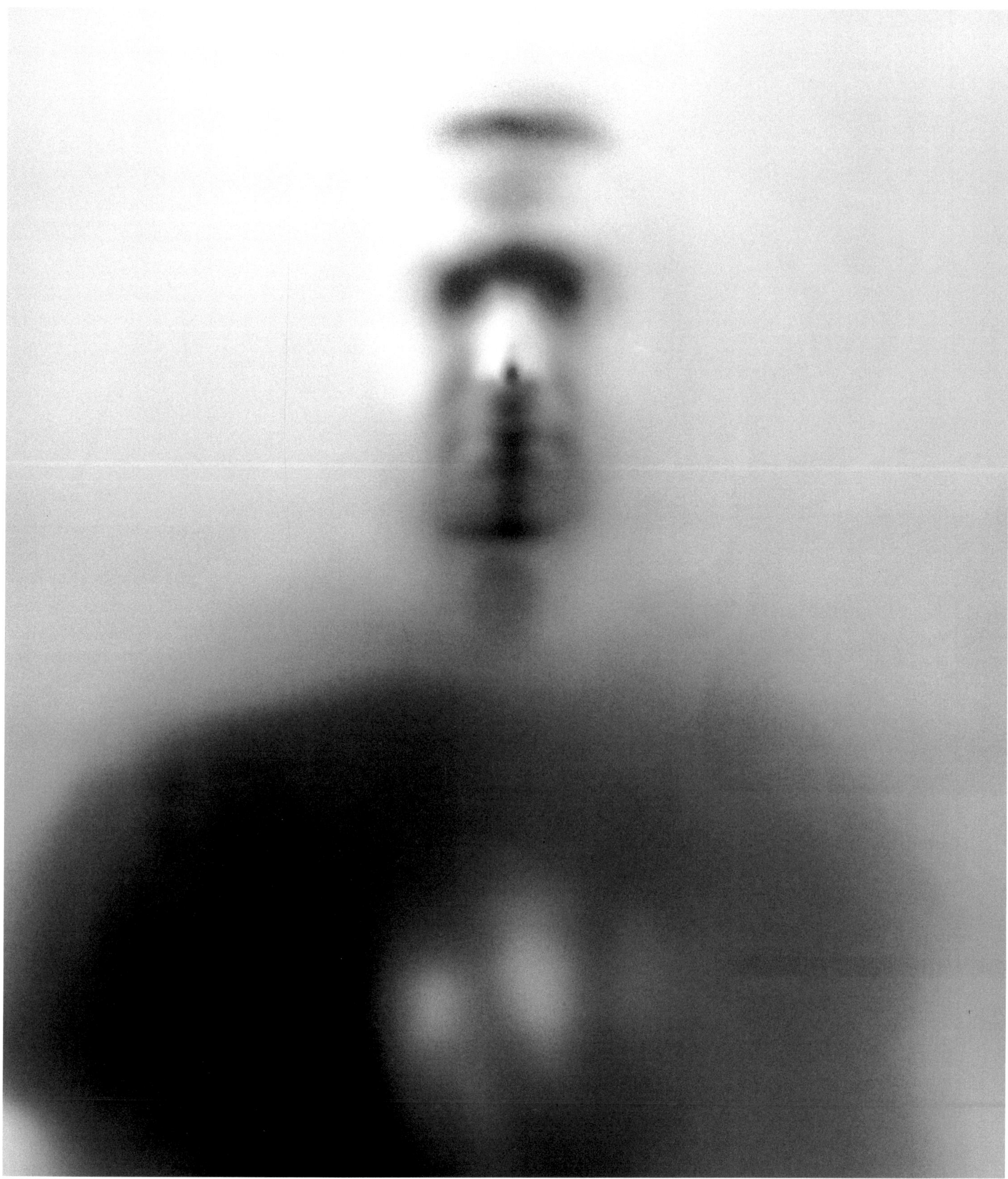

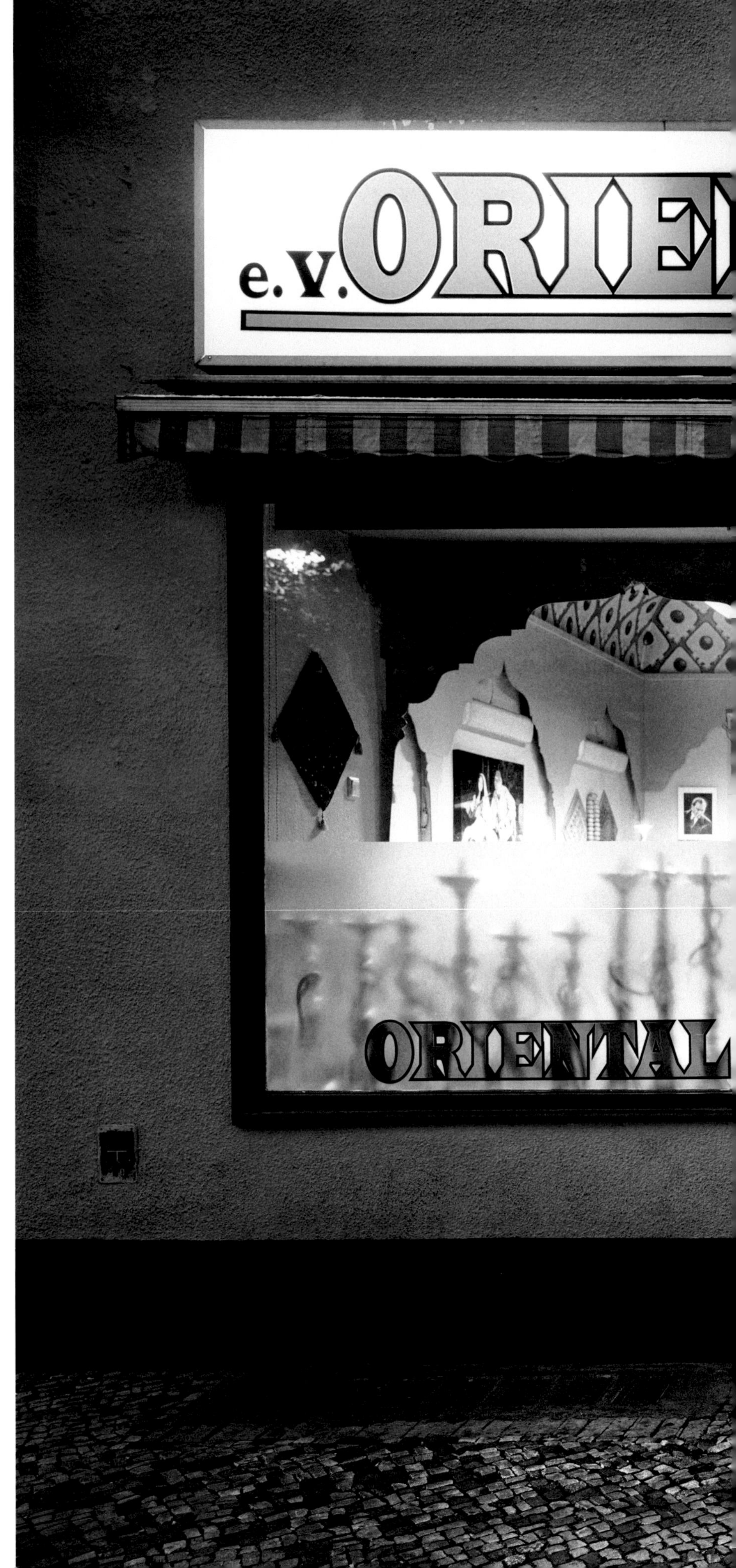
e.V. ORIE
ORIENTAL

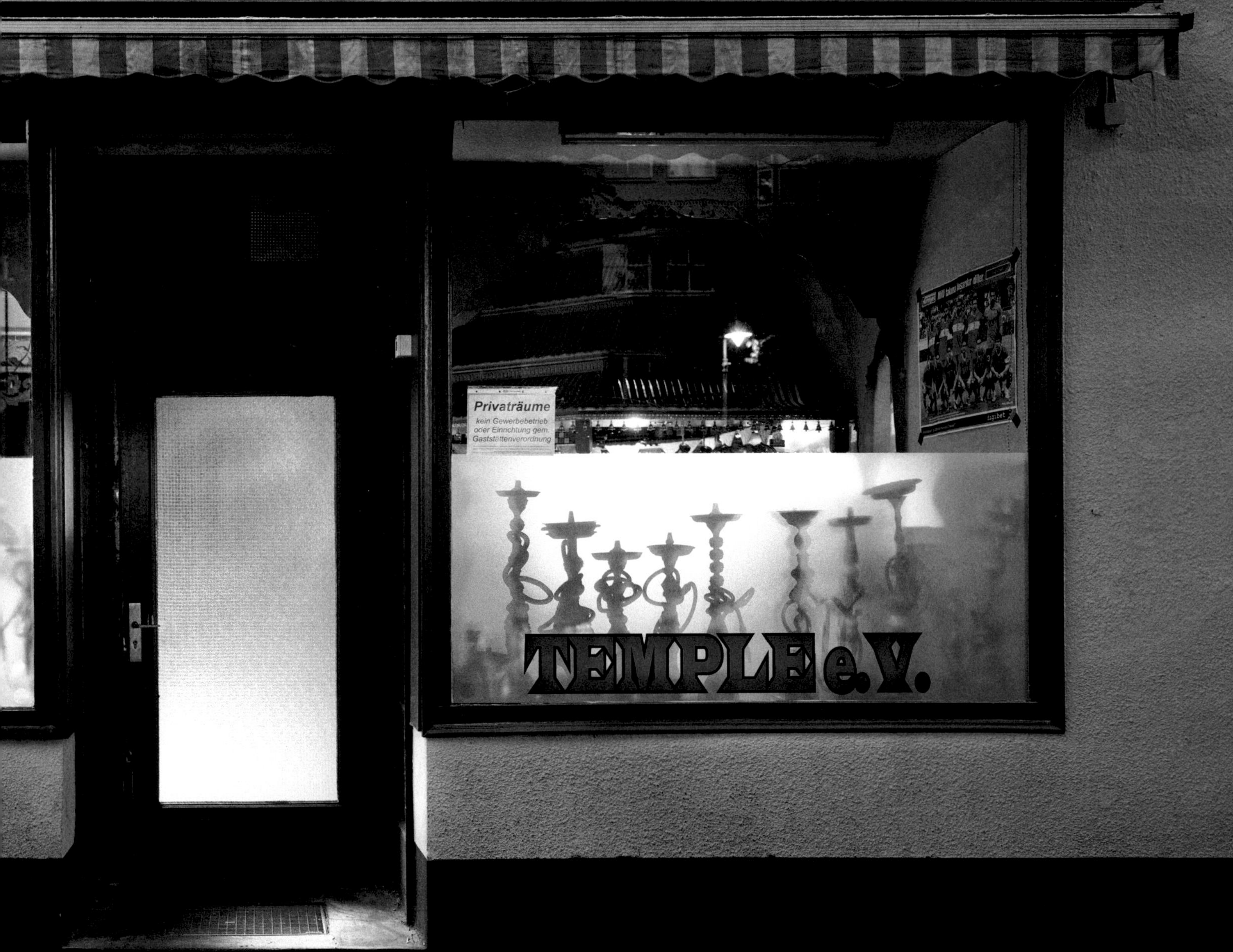
TAL TEMPLE e.V.
Privaträume
kein Gewerbebetrieb
oder Einrichtung gem.
Gaststättenverordnung
TEMPLE e.V.

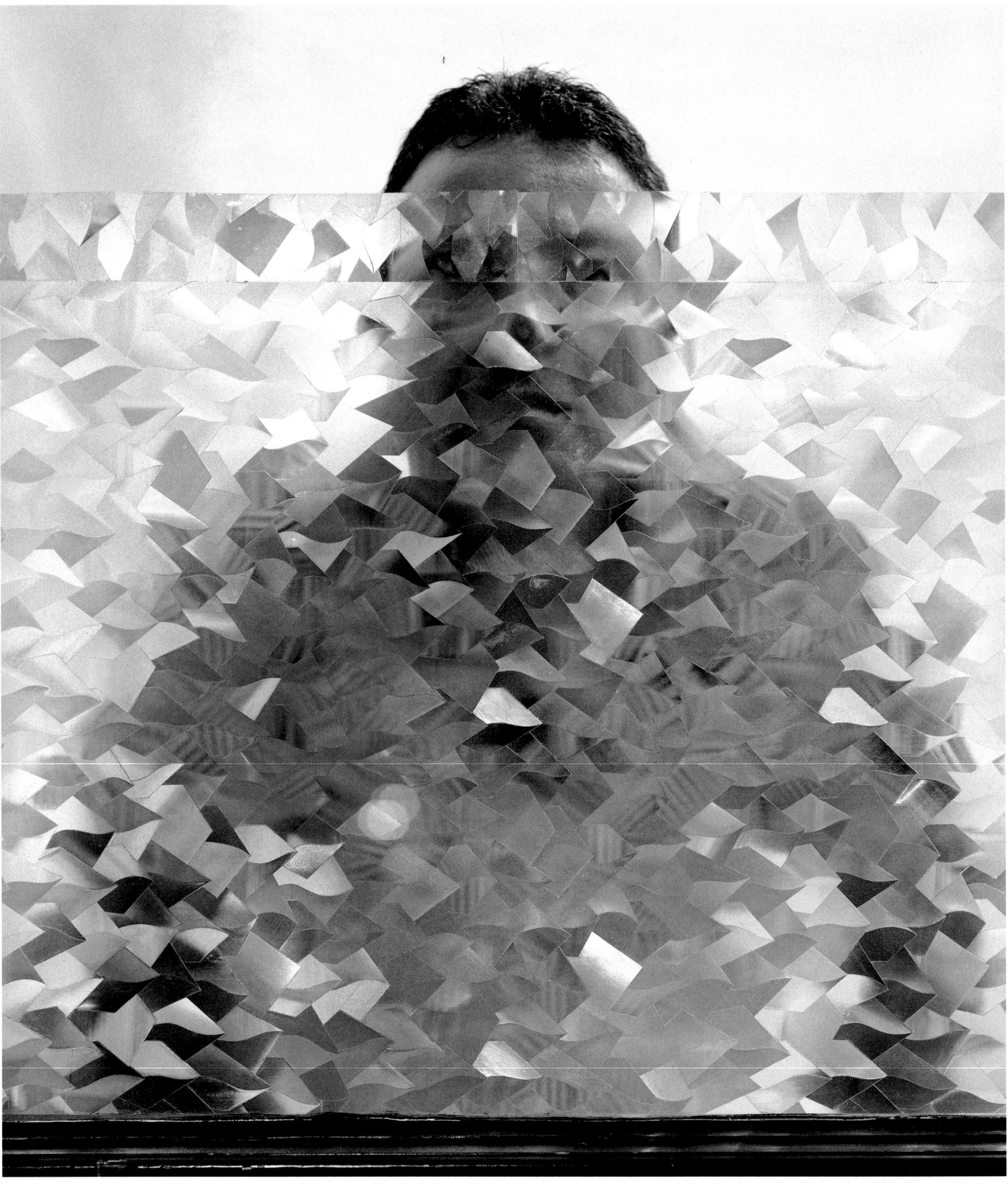

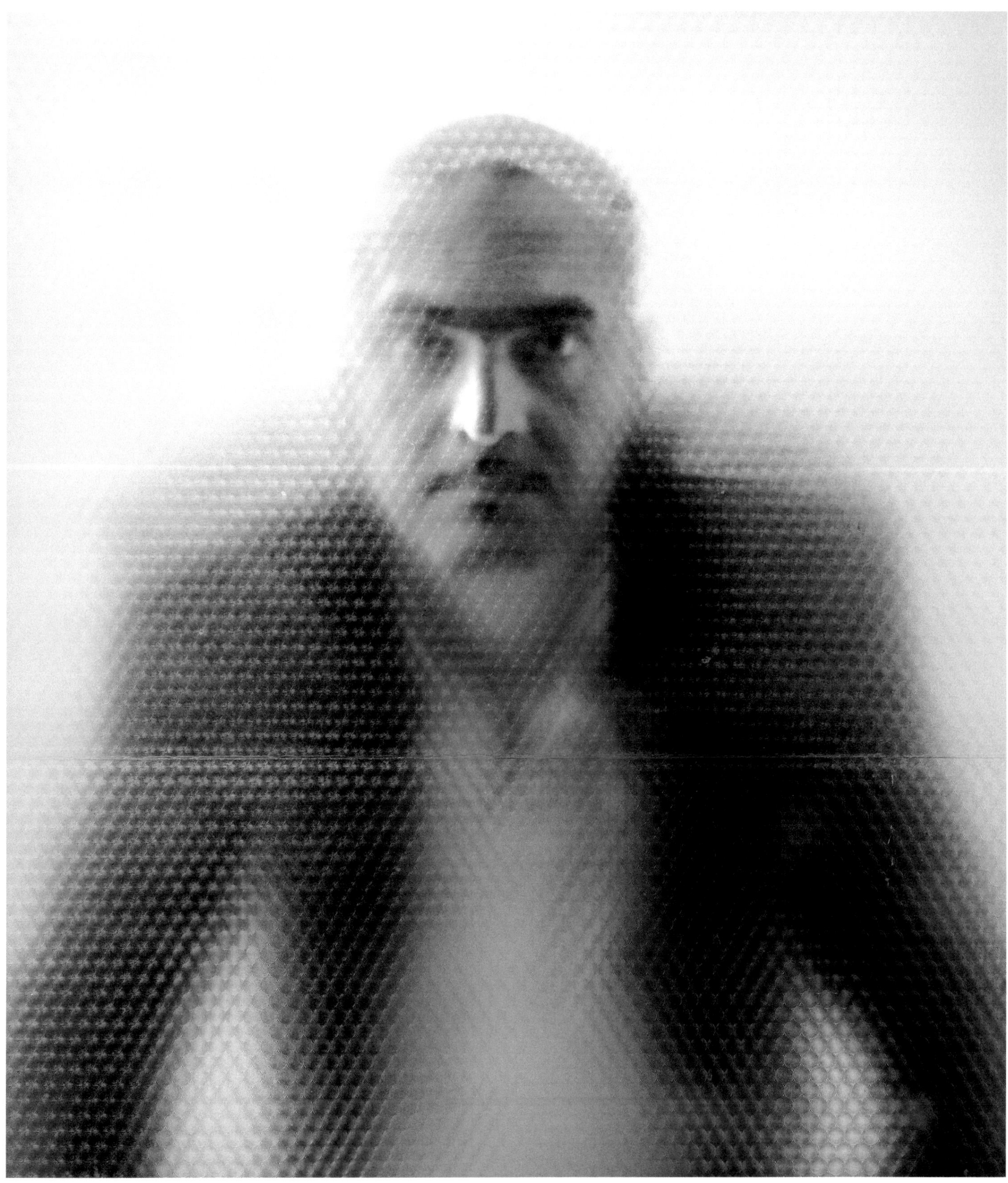

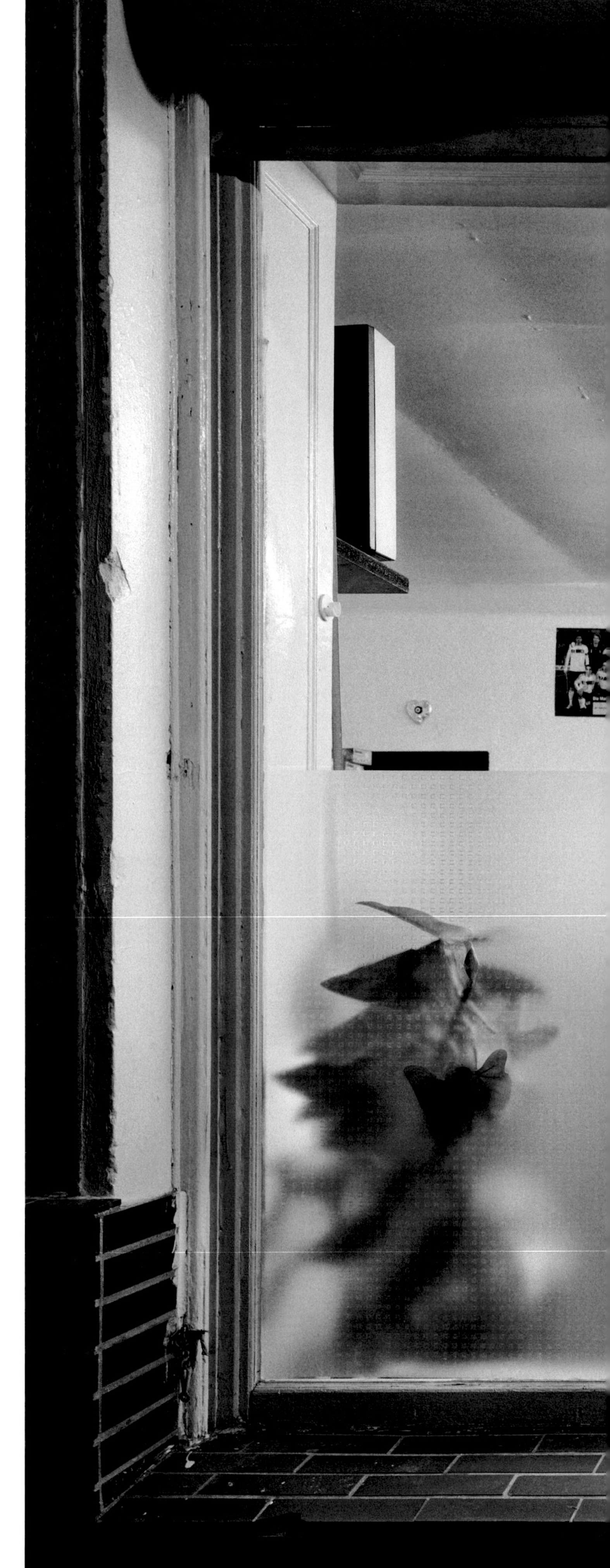

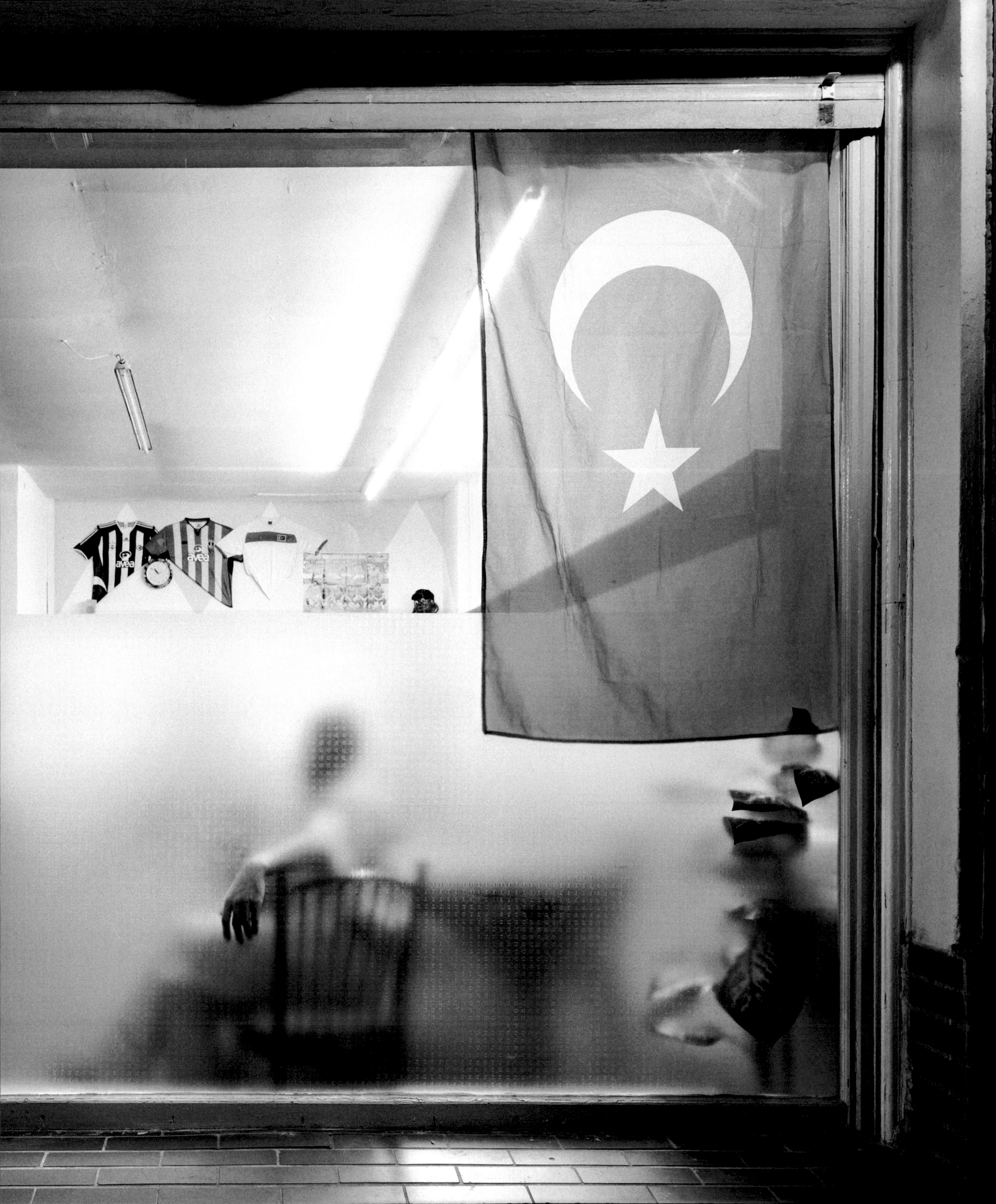
avea
avea

GIER

2014–2017

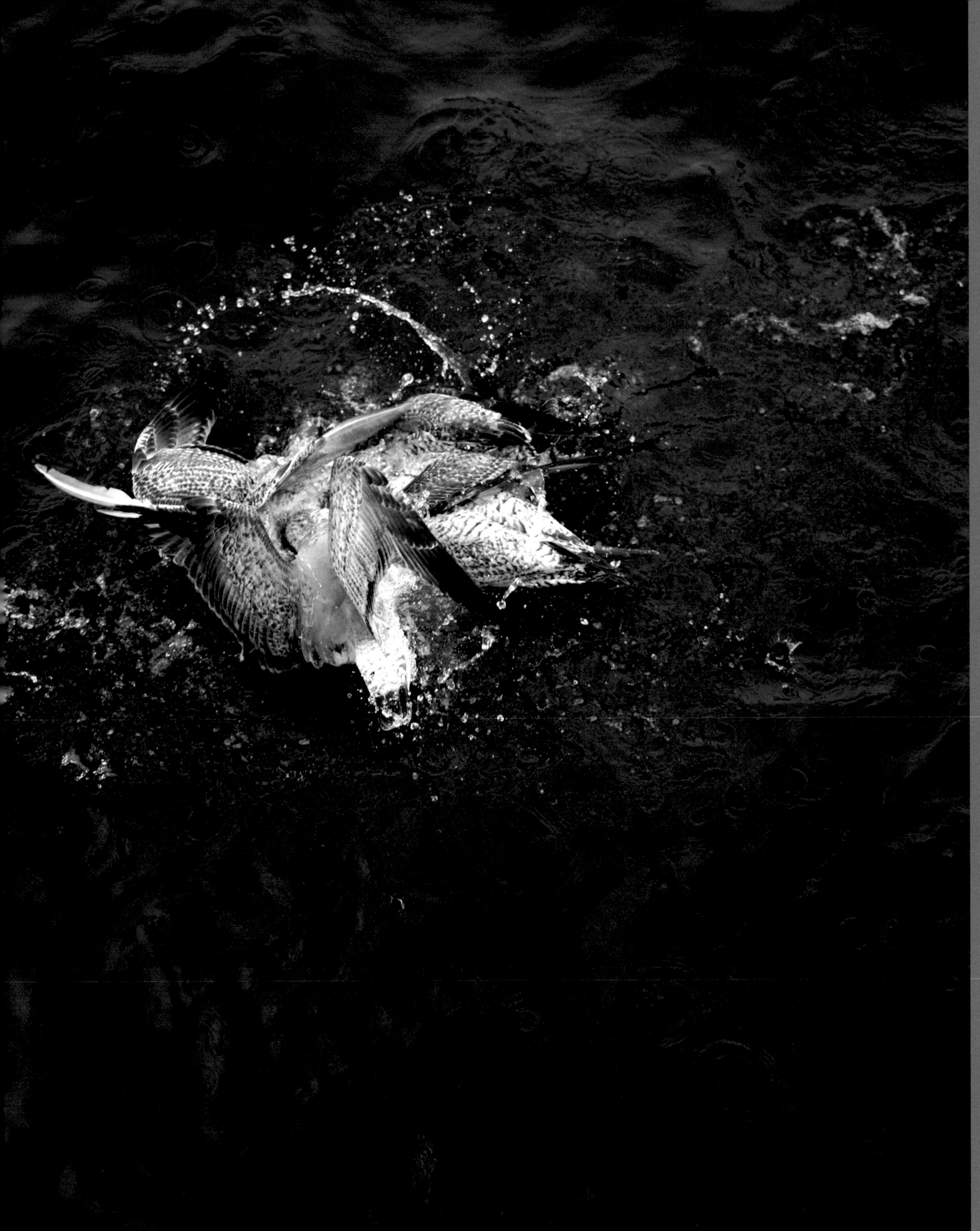

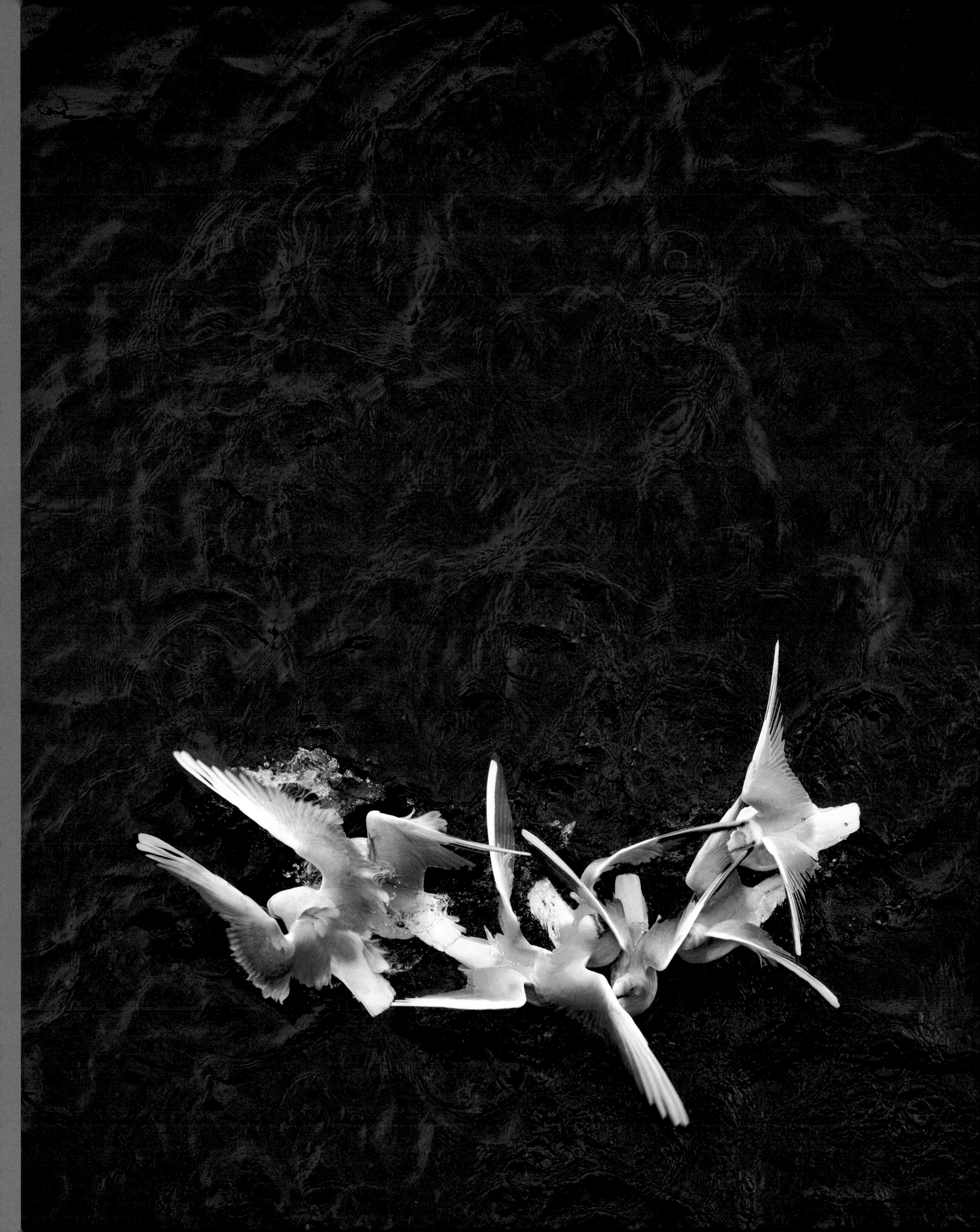

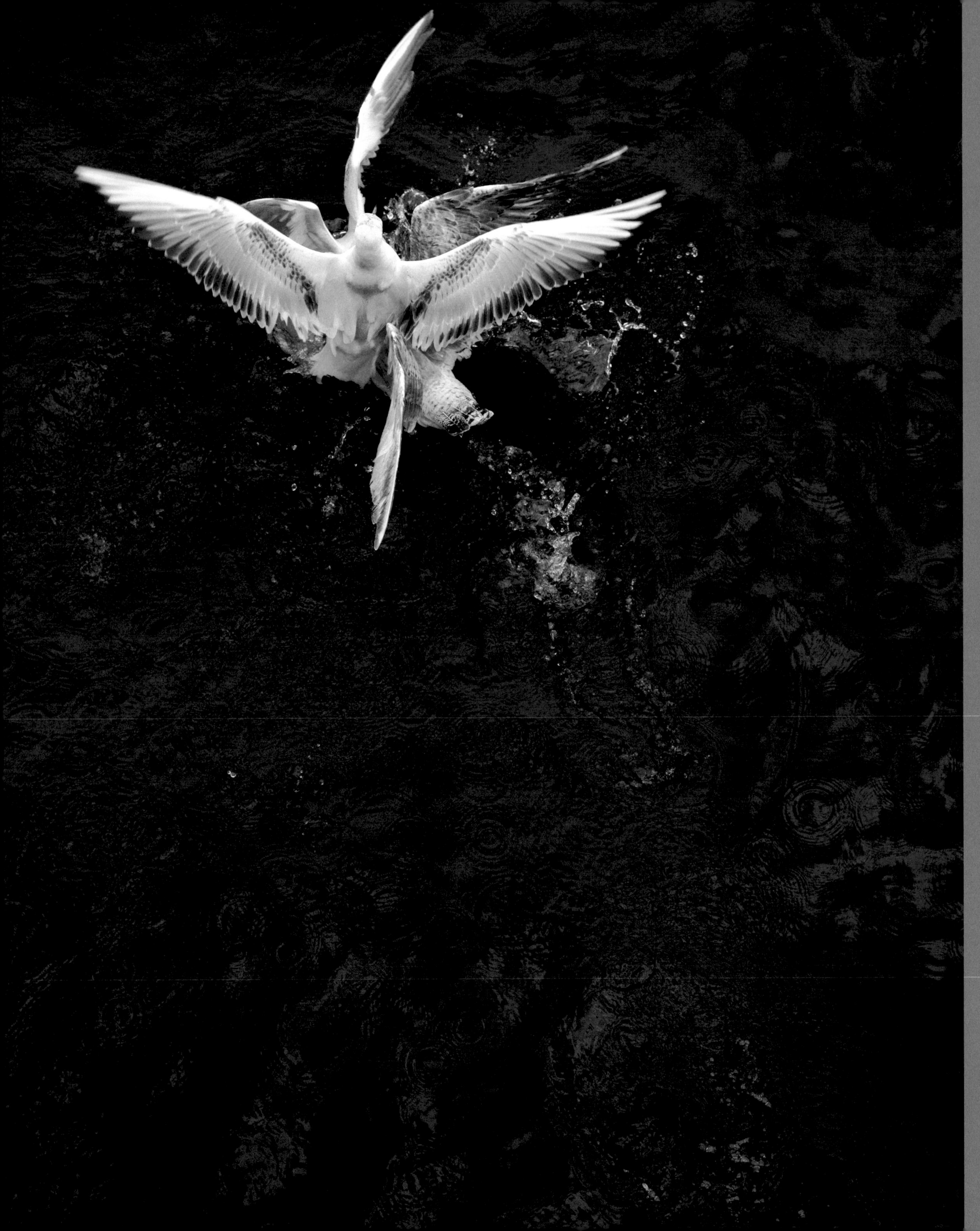

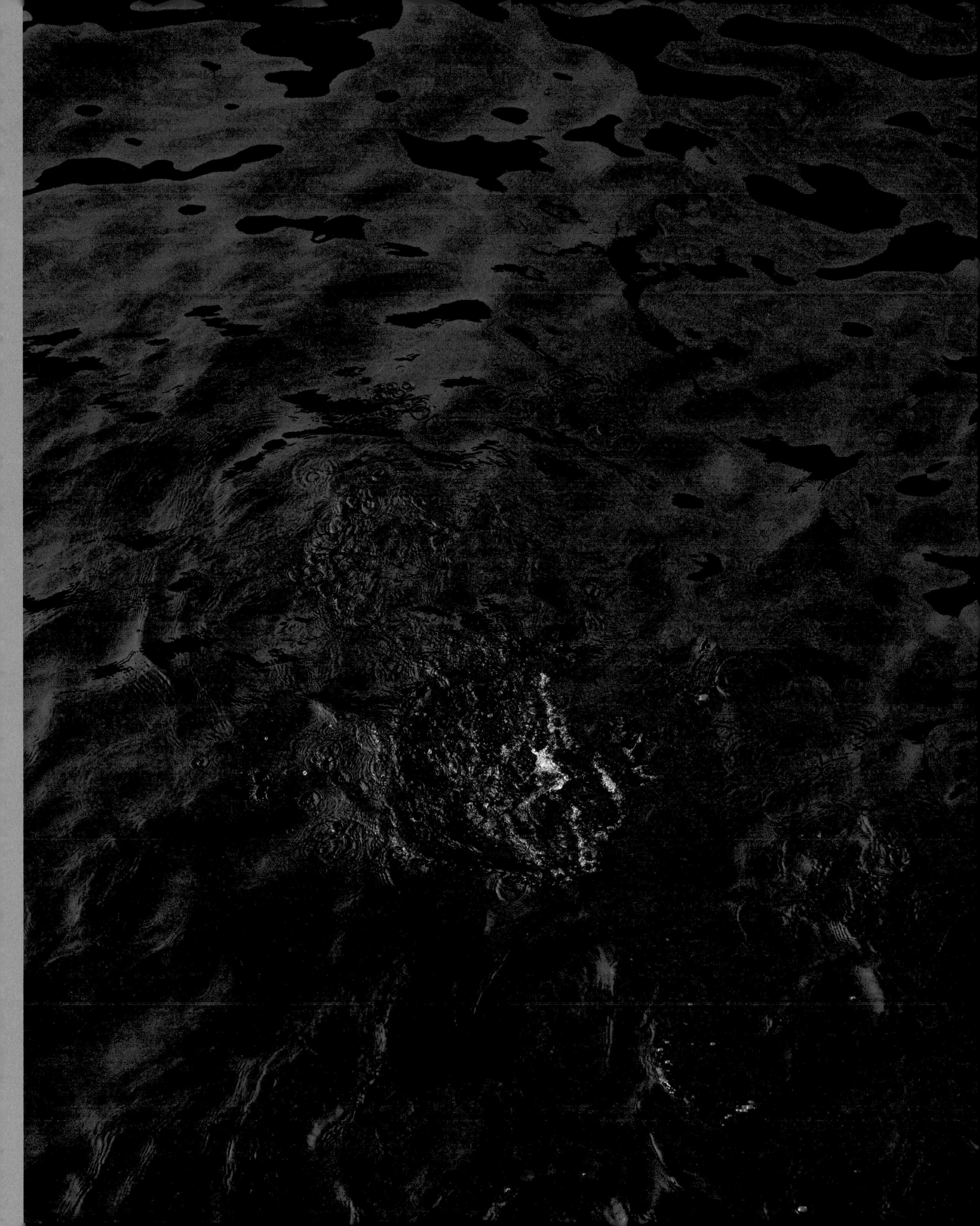

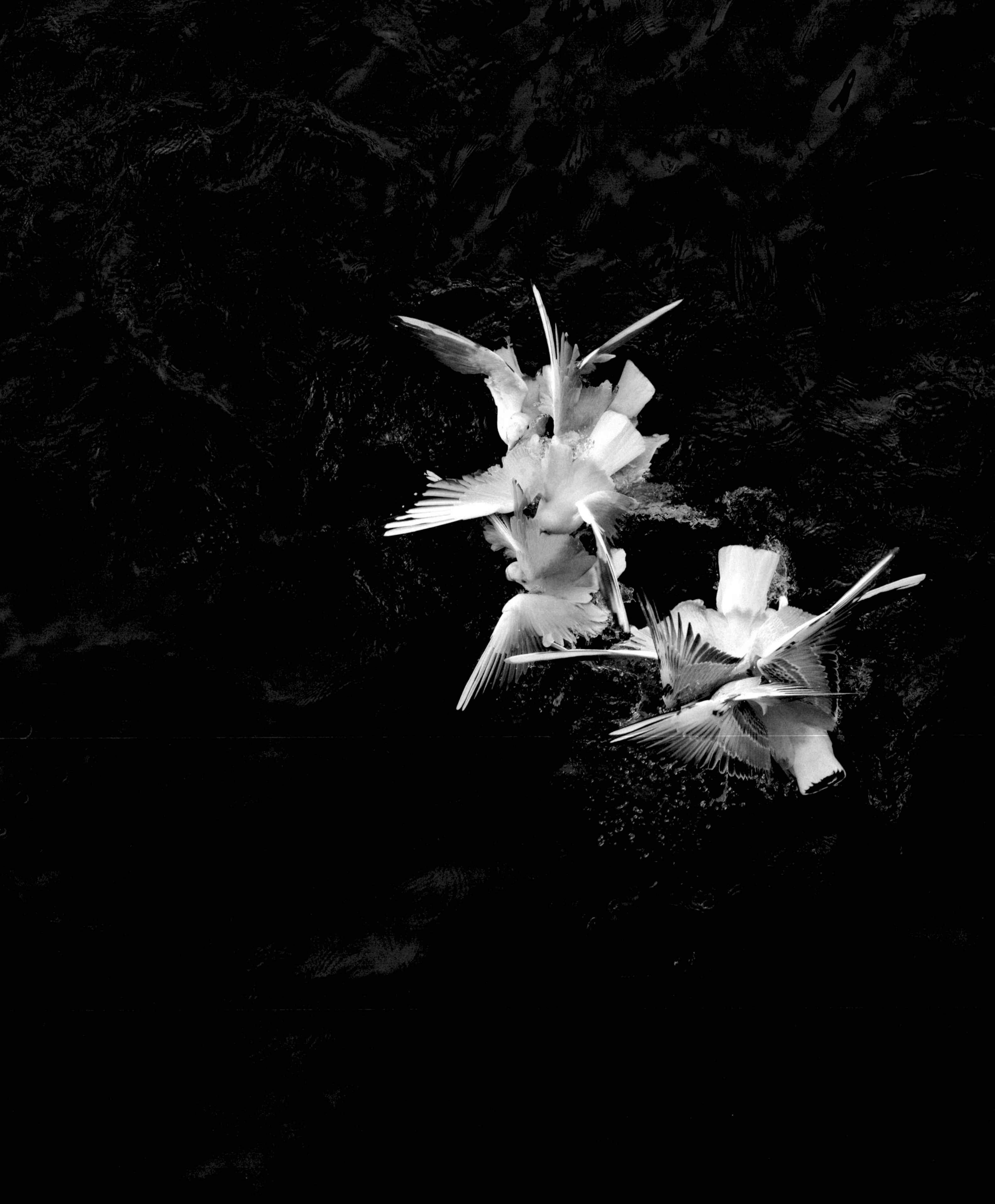

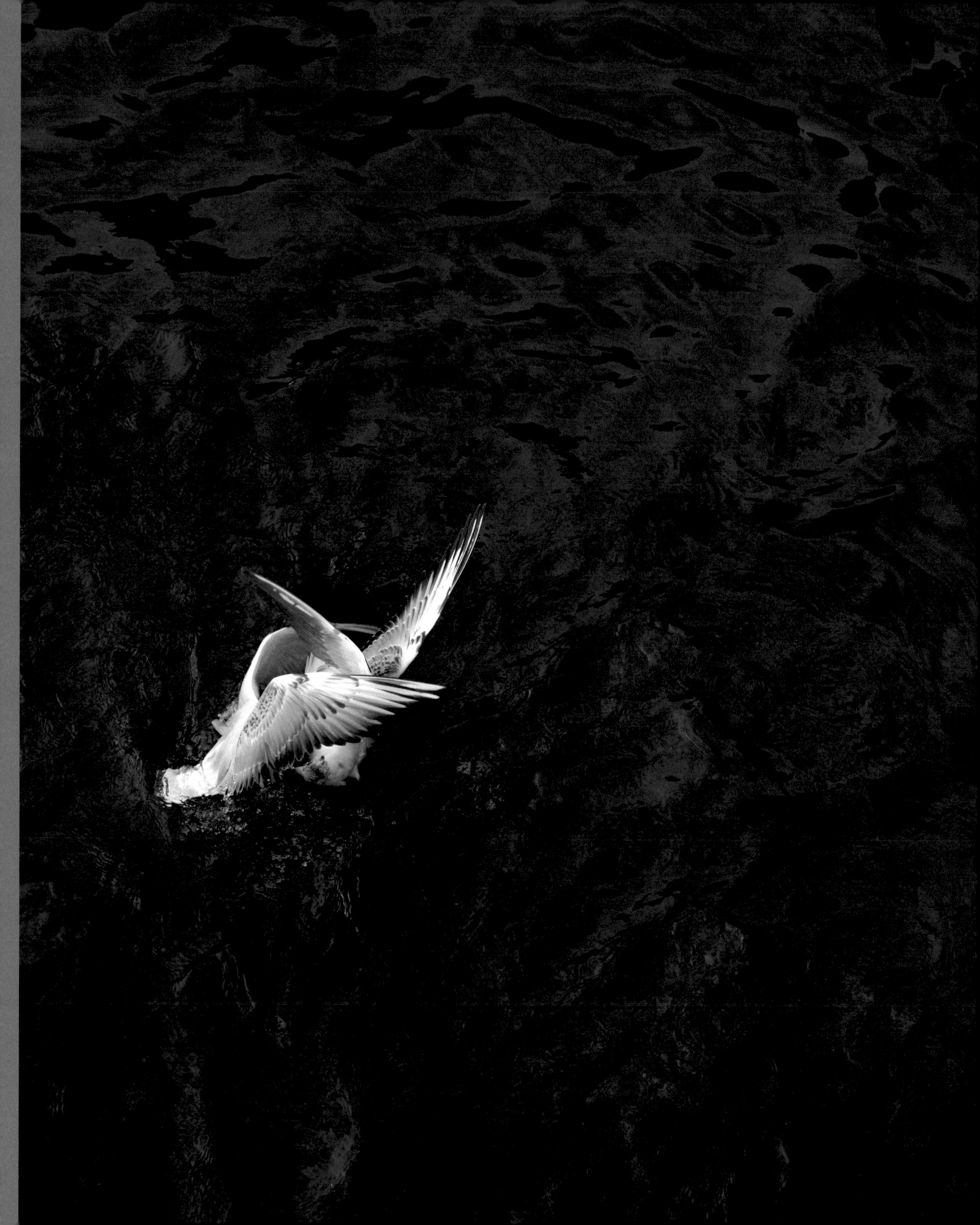

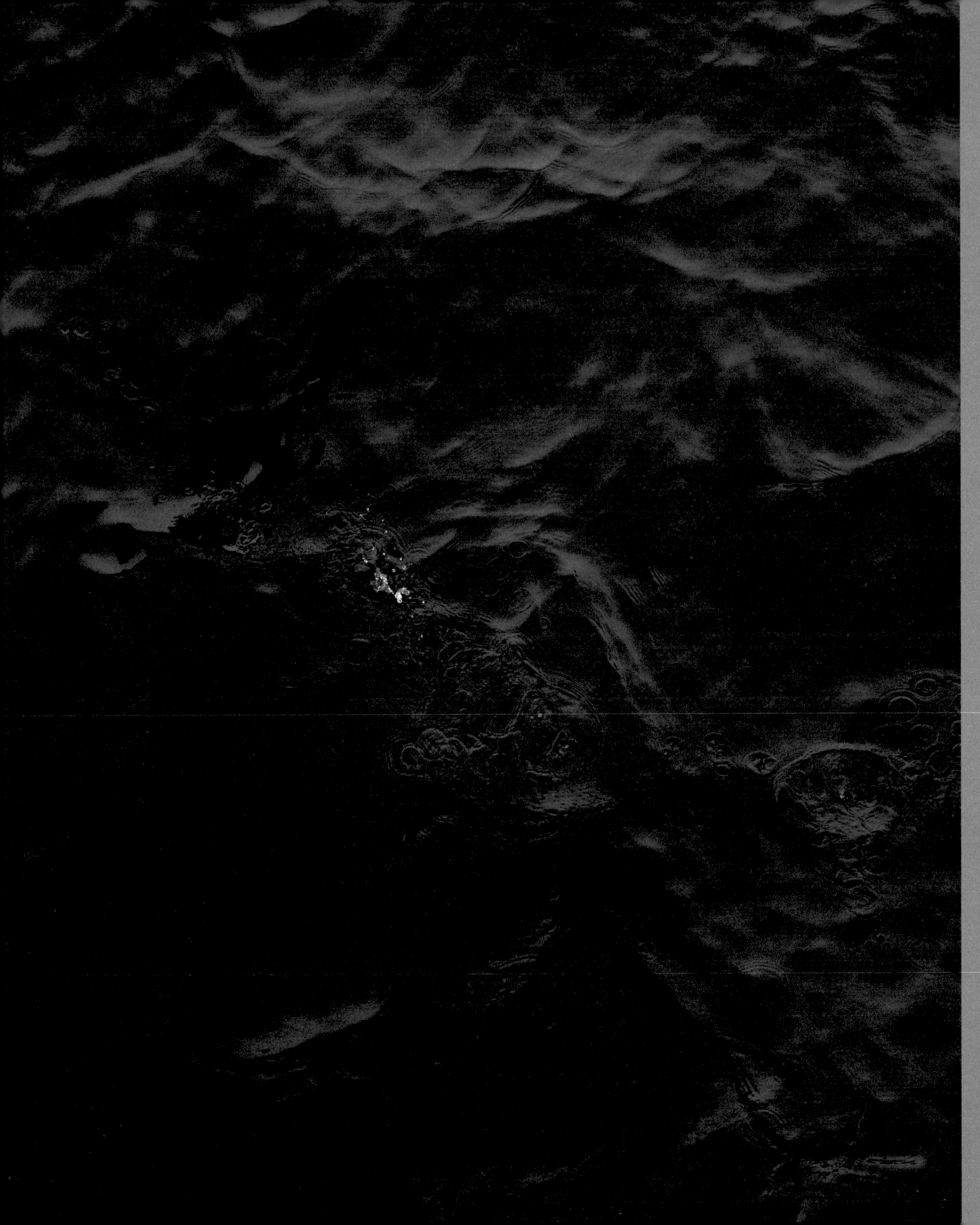

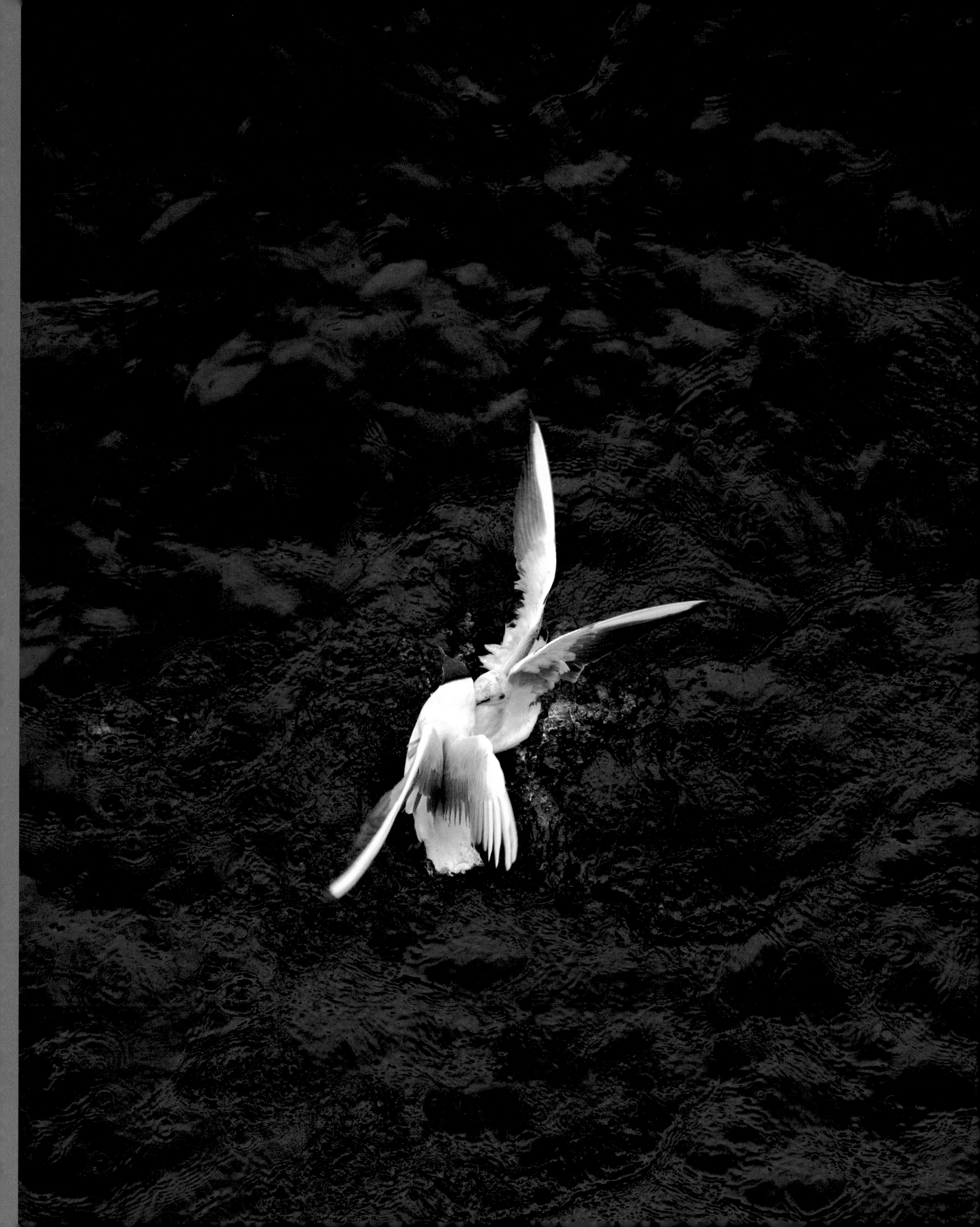

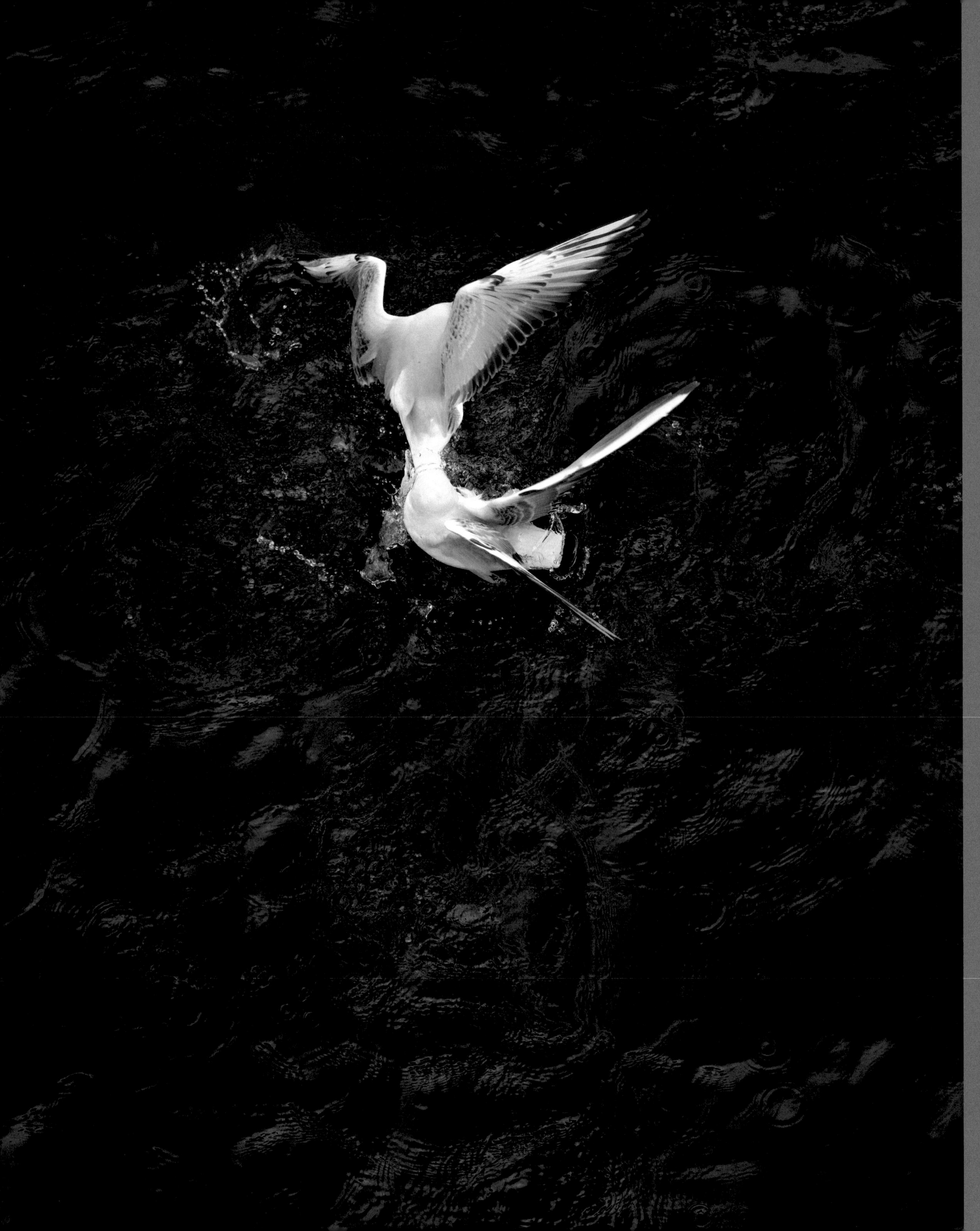

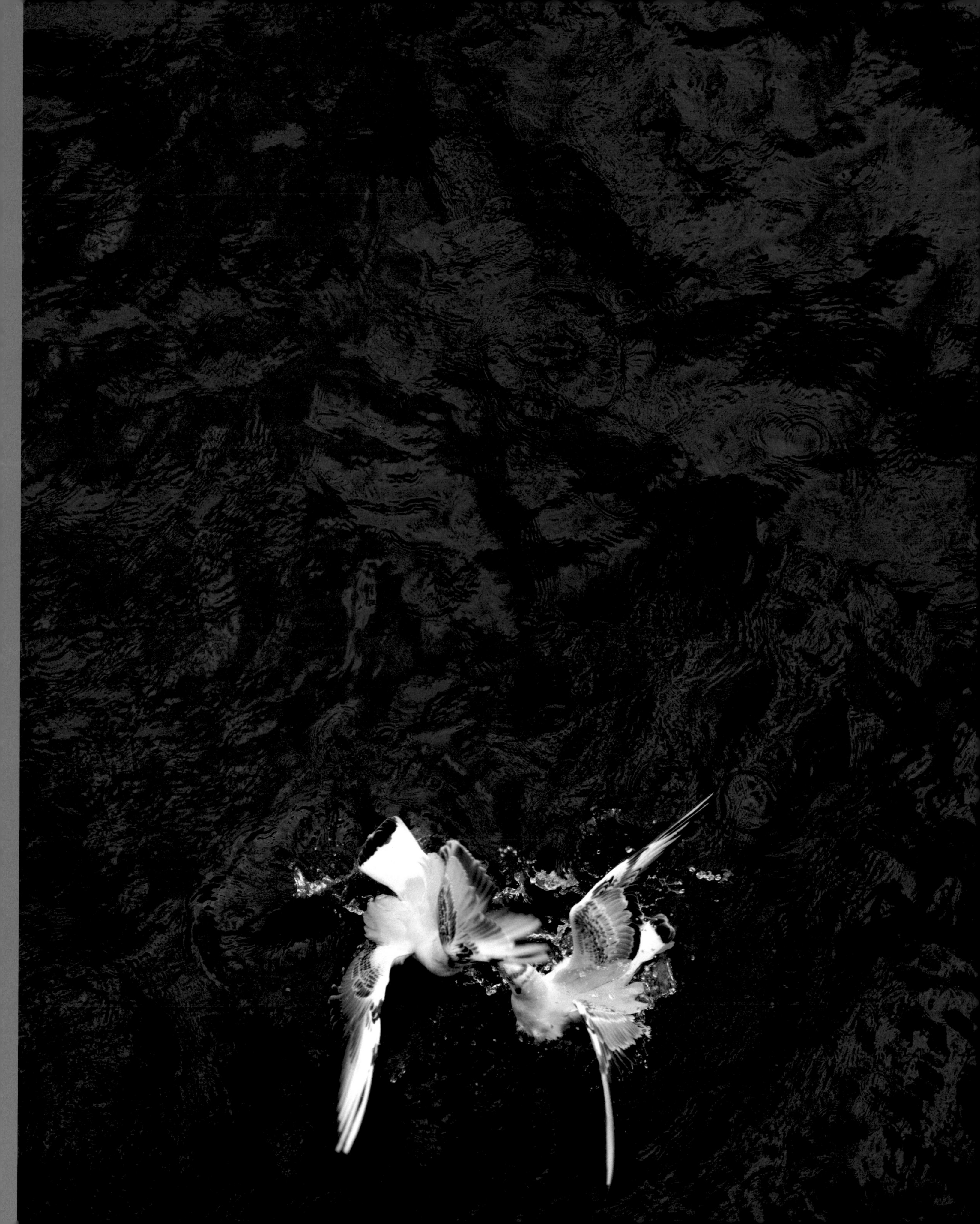

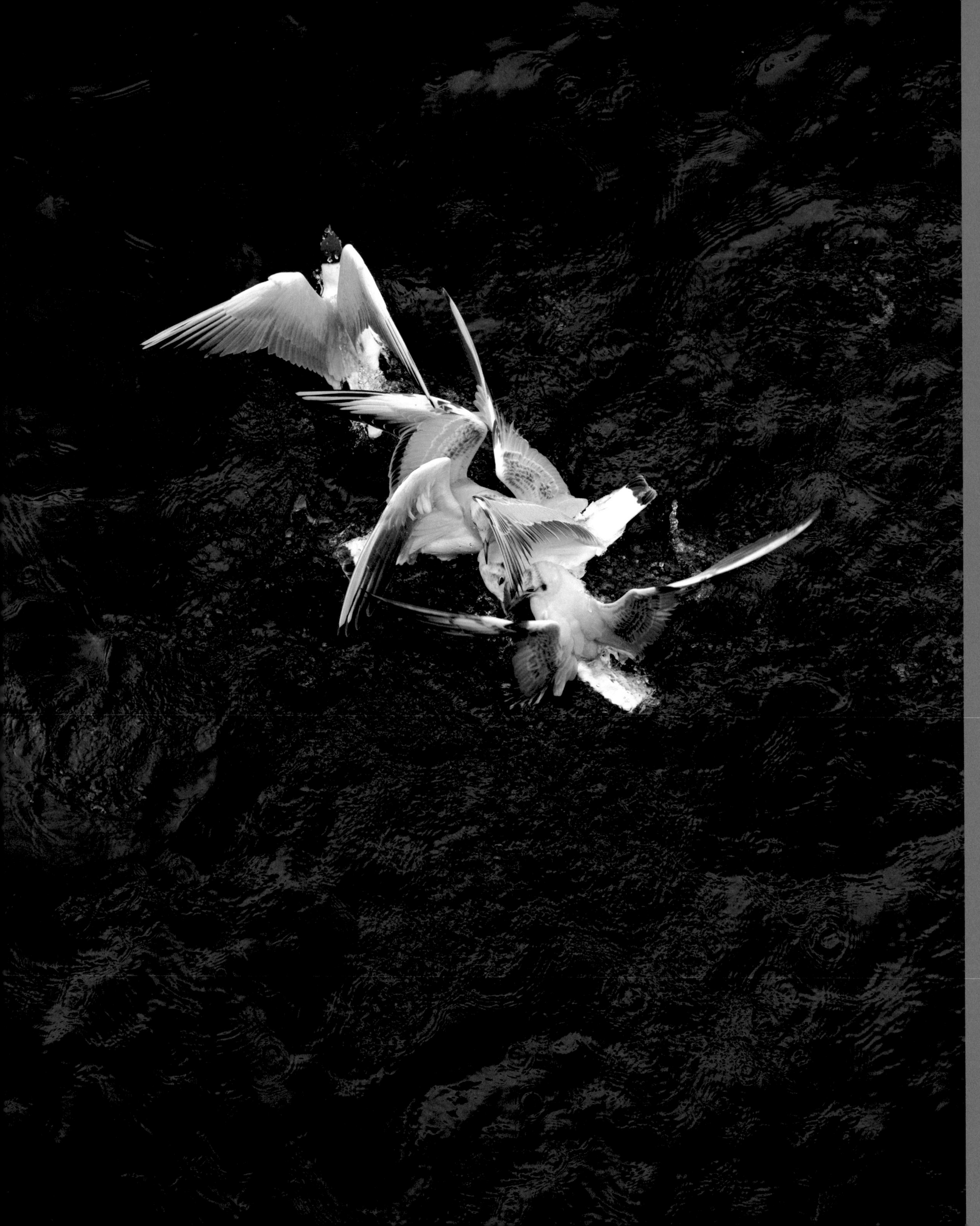

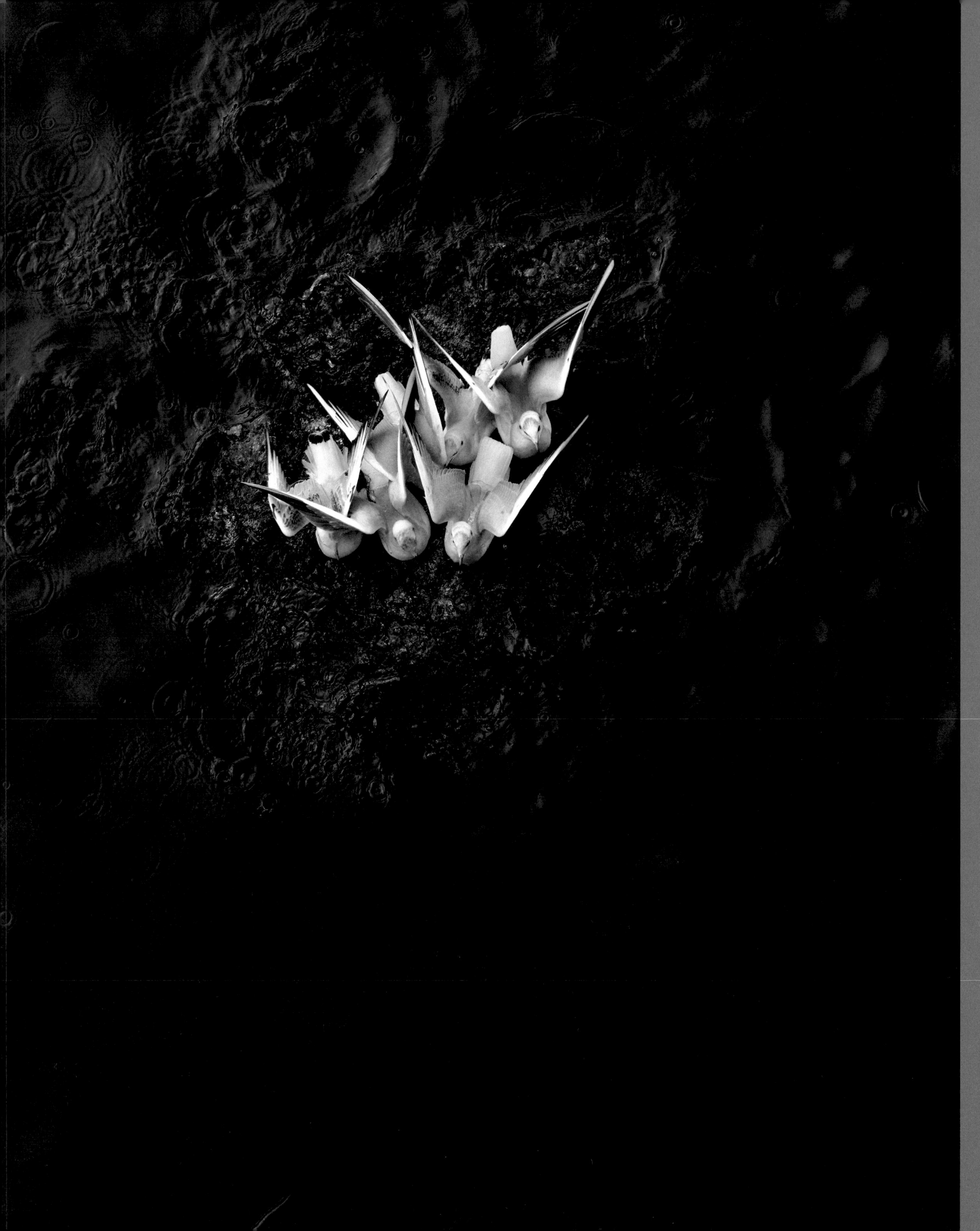

Sie segeln vor dem Himmelsgrau. So fern, dass ihre schrillen Rufe nicht zur Erde reichen. Das Wasser dunkel glattgestrichen. Kalte Ruhe lastet auf dem Vormittag. Von der Brücke wirft man Brot. Die Vögel fließen zueinander. Dann fallen sie. Silberspitzer Möwenregen drischt durchs Wasser. Körper mit fünf Flügelschneiden. Rotoren mit sperrendem Schnabel. Die Seehaut dreht sich um. Gier sättigt, indem der Hunger wächst.

They sail in front of heaven's gray. Too far, their piercing cries can't reach the earth. Dark, the water, smoothed down. Cold silence weighs on forenoon. Bread is thrown from the bridge. The birds flow into each other. Then they fall. Silver-spiky seagull-rain threshes through the water. Bodies with five alar blades. Rotors with torn-open beaks. The sea-skin turns around. Greed saturates while hunger grows.

Jacqueline Majumder, 2017

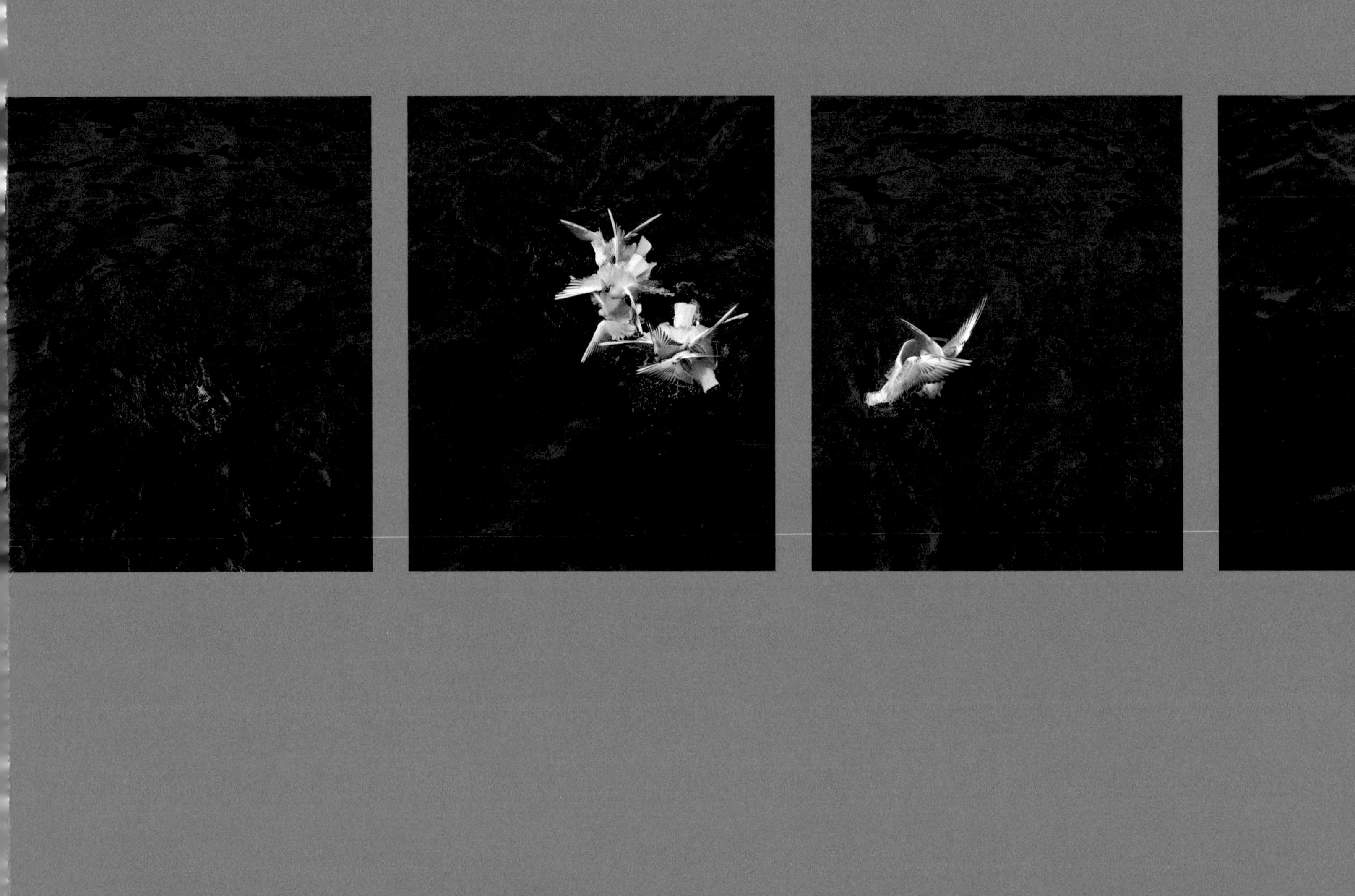

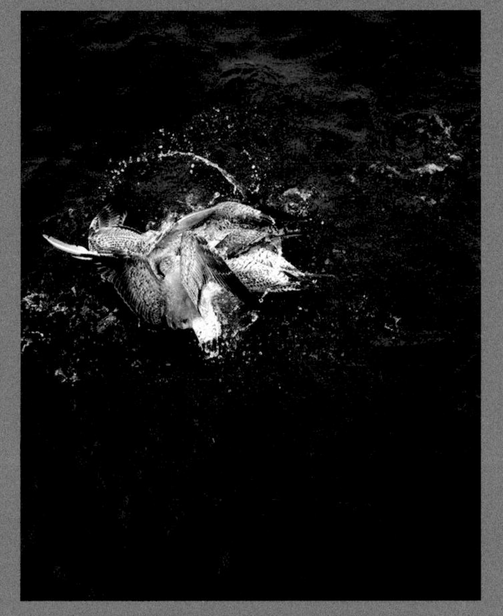

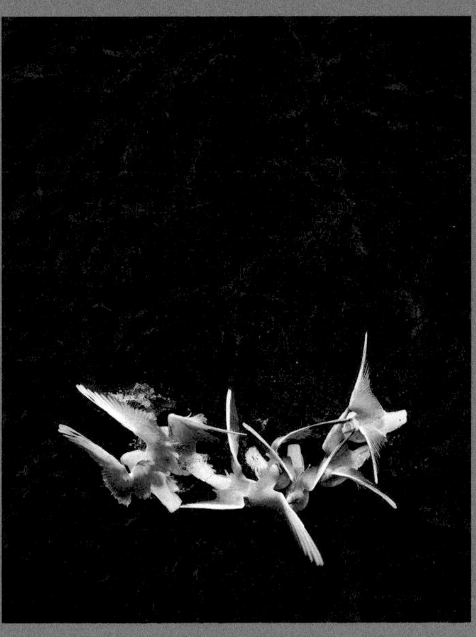

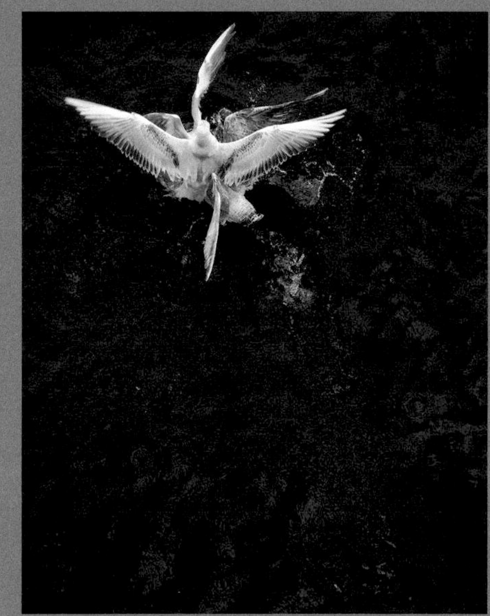

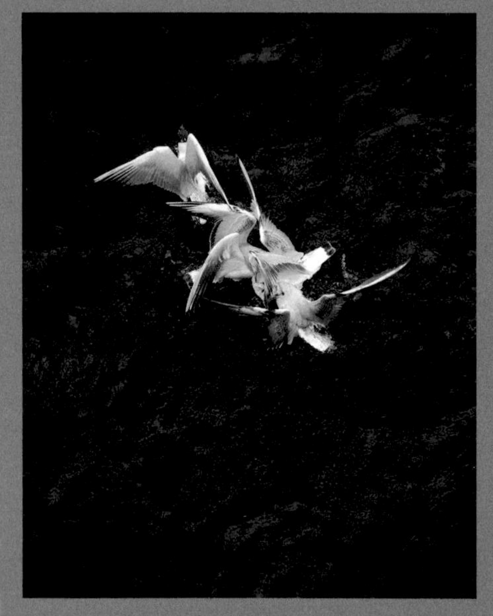

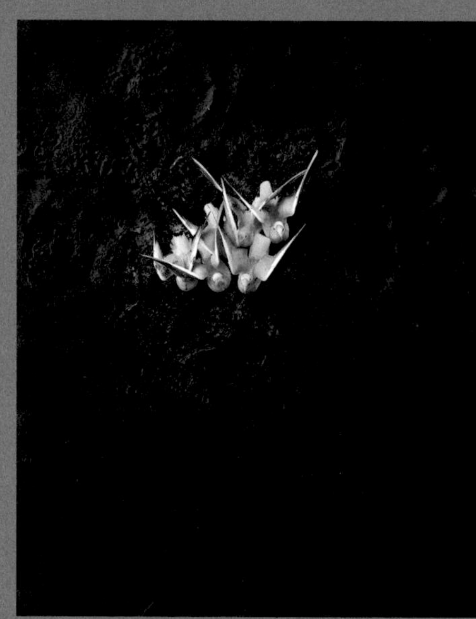

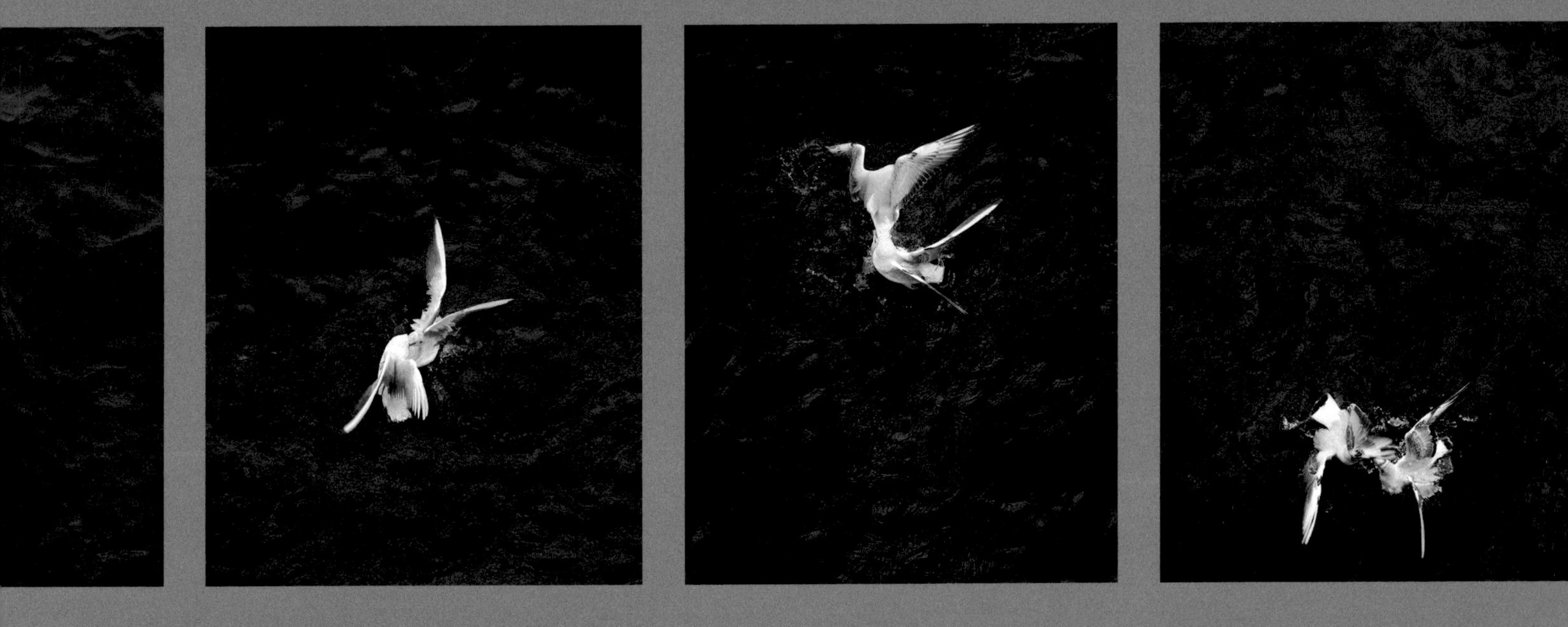

DIE GIER NACH NÄHE

Katja Petrowskaja

Loredana war die Einzige in ihrer rumänischen Familie, die Deutsch sprach, fließend. Das war einem Zufall zu verdanken: Als ihre Eltern kurz nach Loredanas Geburt eine Wohnung zugeteilt bekamen, wohnte darin eine alte Siebenbürger Sächsin. Um sie nicht umpflanzen zu müssen, entschieden sich alle für eine Familienvergrößerung und »adoptierten« einander. »Omi Schatzili«, die eigentlich Frau Wegner, Maria Wegner, hieß, sprach nur Deutsch mit dem Mädchen. Omi Schatzili und Loredana gingen gern zusammen spazieren, Omi war sehr alt und Loredana sehr klein, Omi war etwas krumm und legte ihre Hand auf den Kopf des Mädchens – um sich abzustützen und sie zugleich zu segnen. Die alte Frau war achtzig, als Loredana geboren wurde, und sie starb, als das Mädchen sieben war. Die Eltern sagten ihr, Omi Schatzili sei nach Deutschland gegangen, aber das Kind wusste, dass sie auf keine Reise gegangen wäre, ohne Abschied von ihr zu nehmen. Die Eltern konnten darüber nicht reden, und das Kind schaffte für sich selbst einen Raum für tragische Wahrheiten.

Als Loredana fast vierzehn Jahre alt war, fuhr sie mit ihren Eltern in den Urlaub nach Deutschland. Erst in Deutschland erfuhr sie, dass sie nicht mehr zurückkehren, dass es eine Flucht war. In Rumänien zurück blieb die Kindheit und die große geliebte Familie. Doch dann fiel die Mauer.

Loredana Nemes hat in Aachen Germanistik und Mathematik studiert, war im Mittelalter zu Hause und mit der Lyrik der Minnesänger beschäftigt. Kurz vor der Abschlussprüfung packte sie ihre Sachen und fuhr mit ihrem ganzen Hab und Gut nach Berlin. Es scheint, dass sie ein Uhrwerk hat, ein verinnerlichtes Messgerät. Sie war vierzehn, als ihre Eltern aus Rumänien mit ihr nach Deutschland flüchteten, ein ganzes Leben später, mit achtundzwanzig, traf sie ihrem Bauchgefühl folgend die Entscheidung: »Ich werde Kunst machen.« Zahlen bewegen ihr Leben, sie ist von Zahlen verzaubert und auch diese Ausstellung wird mit einer Arbeit eröffnet, die die Gewalt des Wortes »Angst« mit mathematischen Mitteln zu besiegen sucht.

Einer der Bildbände von Loredana Nemes, mit dem Titel *beautiful*, präsentiert eine Sammlung von Fotografien aus ihrer Geburtsstadt Sibiu. Obwohl die Bilder zwischen 2002 und 2013 entstanden sind, wirken sie, als hätte Loredana Fragmente ihrer eigenen Kindheit fotografiert. Sie nimmt einen mit auf eine verträumte und vertraute Reise durch die Landschaft »von damals«. Die Welt der Heimat ist trist, aber voller versteckter und verträumter Liebe. Die Fotografie sieht die Liebe deutlich und versucht sie zu bewahren, wie in einem schlichten Raum, wo sie zwischen zwei alten Menschen schwebt. Die Texte, die Loredana selbst gedichtet hat, ziehen vorbei wie Wolken in der Kindheit: »Wenn sie einmal groß ist, wird sie Großmutter und dann reist sie nach Deutschland, denn dort ist kein Tod. Doch noch ist sie klein …«

Spätestens seit diesem Buch werden die Fotografien von Loredana Nemes aus den konkreten biografischen Bezügen und Räumen in Motive des Eigenen und Fremden, des Märchenhaften und Bedrohlichen verwandelt. Ich weiß nicht mehr, wer von uns angefangen hat, über Gedichte zu sprechen, als ich Loredana zum ersten Mal begegnet bin, aber schon nach ein paar Minuten hielt ich bereits ihr Telefon an mein Ohr und hörte ein Gedicht an. Aus dem Telefon sprach Rose Ausländer. Es war ein seltsames Erlebnis, als hätte Rose Ausländer Loredana angerufen und Loredana gab mir ohne Vorwarnung das Telefon weiter. Ich hörte zu, von ihrem Vertrauen überwältigt:

»Vor vielen Geburtstagen
als unsre Eltern
den Engeln erlaubten
in unsern Kinderbetten zu schlafen –
ja meine Lieben
da ging es uns gut
[…]
Ja meine Lieben
im Eswareinmalheim
da ging es uns gut
Die Eltern flogen mit uns
in den bestirnten Fächer
kauften uns Karten ins Knusperland
und spornten uns an
die Welt zu verschenken«*

Als ich ihr schweigend und etwas verwirrt das Telefon zurückgab, sagte sie: »Sie spricht so vertraut Deutsch, so ähnlich redeten die alten Siebenbürger.« Ich dachte an Omi Schatzili und sah das Bild von einem Kind und einer alten Frau vor mir, die sich gegenseitig aufeinander stützen und ein unzertrennliches Zeichen bilden. Loredanas Familienname ähnelt dem Wort »Nemez«, das in fast allen slawischen Sprachen »Deutscher« bedeutet. So schließt sich der Kreis aus einer Geschichte, einer Kindheit und zwei Sprachen, und es stellen sich viele Fragen nach Nähe und Distanz, nach dem Eigenen und dem Fremden, die die Künstlerin ihr ganzes Leben beschäftigen werden.

Ocna. Eine Annäherung heißt ein Zyklus innerhalb der Ausstellung, der den männlichen Körper untersucht, den Körper von Loredanas Partner. Man sieht nur einzelne Körperteile, als wäre es nicht möglich, denjenigen, den man öfter sieht als alle anderen, den man liebt, der einem am nächsten ist, als Ganzes zu erfassen. Die Aufnahmen wurden in Ocna, den berühmten Salzseen bei Sibiu gemacht. Die Körperteile schwimmen im Wasser, als wenn sie für immer in einer salzigen Lösung aufbewahrt werden sollen. Vielleicht sind es körperliche Empfindungen, die sich nur als eine fragmentarische Verschwommenheit ausdrücken lassen. Die Bilder ahmen die Gefühle nach, die keinen Fokus finden, keine Erklärung.

Eigentlich könnte man die ganze Ausstellung »Versuch einer Annäherung« nennen. Mit der Kamera untersucht die Fotografin das Rätsel ihres Gegenübers, auf eigene Gefahr.

Loredana Nemes' Ausstellung beginnt mit einer Anspielung auf ihre Geburt: Der Titel *23197* stammt direkt aus dem Geburtsdatum, sie hat nur die Zahlen weggestrichen, die sich wiederholten. Es ist eine Serie über die Angst: Die Bilder zeigen frontal fotografierte LKWs, unscharf und verfremdet. Es könnten auch vorsintflutliche Wesen mit großen Augen sein, die aus der Ewigkeit auf uns glotzen und bereit sind, uns zu schlucken. Das Automobil – Monster und zivilisatorische Errungenschaft zugleich – war von Anbeginn eine ambivalente Erfindung, Mittel der Bewegung und Maschine der Gefahr. LKWs wurden neuerdings als Waffen gegen Menschen eingesetzt, u. a. in Nizza, Berlin und Stockholm. Nach den tragischen Fällen registriert Loredana Nemes diese neue »human condition«, diese seit kurzem existierende, nicht vergehende Gefahr.

Die Angst blendet. Das Sehen ist fast ausgelöscht, verschwommen, in Angst verwandelt, man ist in einen toten Winkel gedrängt. Die Bilder sublimieren diese tödliche Angst, Todesangst, den letzten Blick. Loredana Nemes begleitet diese Bilder mit ihrer mathematischen Besessenheit: Auf Streifen, die dem Abstand der Autoreifen entsprechen, hat sie das Wort Angst »dekliniert«, als würden die Reifen eines LKWs aus den Buchstaben des Wortes »Angst« bestehen. Eigentlich heißt dieser mathematische Begriff »Permutation«, die Benennung aller Möglichkeiten einer Menge. Wenn die Menge ANGST fünf Buchstaben hat, dann ist die Formel 5×4×3×2×1=120. Es gibt 120 Möglichkeiten, die Buchstaben der Angst zu »permutieren«: STGNA, TNASG usw. Sie konjugiert Verben wie »fliehen«, »beschädigen«, »sterben«. Jeder kann »ich« oder »du« sein. Man mag diese Besessenheit selbst als Ausdruck, Alphabet der Angst oder sogar als Vermehrung von Angst verstehen. Mir erscheint dieses penibel durchgeführte, mantraähnliche Verfahren wie eine Leidenschaft, ein Ausweg, als würde in den Worten selbst, wenn man sie noch mathematisch verzaubert, die Rettung stecken.

Auch die Serie *beyond* spricht vom Dead End einer Begegnung. Ich nenne diese Reihe »Verschleierte Männer«. In *beyond* ist die fremde Welt der muslimischen Männer dargestellt, vielleicht auch die Fremdheit an sich. Wir alle leben neben Menschen, mit denen wir kaum kommunizieren. Wir gehen jeden Tag an Orten vorüber, die fremd und geheimnisvoll bleiben, für einige von uns sind das türkische oder arabische Lokale in Kreuzberg, Neukölln und Wedding. Dort gibt es nur Männer, sie trinken Tee, schauen Fußball, sprechen. Sie sitzen hinter den milchigen Scheiben ihrer Männer-Cafés und bleiben für die Passanten, die an ihren Leben vorbeilaufen, unzugänglich, beinahe unsichtbar. Was geschieht dort? Was kann man hier erfahren?

Loredana Nemes hat – im Versuch einer Annäherung – diese Fremdheit fotografiert. Schaufenster und Eingänge von Cafés, Tee- und Gemeindehäusern. Man erkennt die Figuren hinter den Scheiben, ihre vagen Formen, man erkennt Zimmerpflanzen, aber keine Gesichter. Der Mann bleibt ein unbekanntes Wesen. Auf einem Bild erahnt man drei Männer, die an einem Tisch sitzen, sie sind wie aus Knete geformte Gestalten, wie die Dreifaltigkeit, einer Ikone gleich. Auch ich schaue auf die Fremdheit durch das Prisma der mir bekannten christlichen Kunst.

Neun Monate braucht man, um ein Kind auszutragen, neun Monate hat Loredana Nemes die Caféhäuser aus der Distanz fotografiert, erst dann war sie bereit, den fremden Orten und Männern näher zu kommen. Eine solche Arbeitsweise ertastet eigene Rituale der Annäherung. Nach neun Monaten bat sie Männer in den Cafés, an die Scheibe zu kommen und hinauszublicken. Loredana klopfte an die Scheibe, die Männer hielten für Sekunden still. Nicht Gesichter kamen zum Vorschein, sondern Textur, die Grenze zwischen der Fotografin und ihrem Objekt. Die Glasscheiben mit ihren verschiedenen Mustern und Dekorationen sprechen anstelle der Männer, sie verleihen ihnen Gesicht und Charakter. Diese Membran wird zum Helden der Betrachtung. Die Männer erscheinen wie aus einem Katalog von Gestalten, aus einer Kunstkammer, einer unheimlichen Maskerade aus dem »Jenseits«: Ein Mann wie Minotaurus mit rautenförmigen Augen und einer Mücke über seinem Kopf, ein anderer wie eine Reminiszenz an Rembrandt, ein weiteres Gesicht wie auf dem Grabtuch Christi, hier ein kariertes Wesen, dort Pharao Tutenchamun durch Jalousien schauend und hinter dem Spitzenvorhang eine versteckte Braut. *beyond* ist eine Studie über die Fremdheit der fremden Männer oder die Fremdheit des Mannes an sich, ein mutiger Versuch, die Grenzen der menschlichen Annäherung zu zeigen.

Alle Männer haben Namen. Sie blicken nach draußen wie Frosch und Fisch-Prinz aus dem Aquarium, sie sind wie durch böse Kräfte verzaubert, und sogar die Kamera mit all ihrer Zauberkraft kann sie nicht zurückverwandeln und den Schleier aufheben. Die Scheibe scheint ihnen unentzifferbare Gesichter zu verleihen. Vielleicht schauen wir hier direkt in die Augen der nicht fassbaren Vergänglichkeit? Und so erscheinen die Männer wie aus den salzigen Gewässern der Erinnerung, vage und für immer in der Vergangenheit zurückgelassen. Sie bleiben ein Geheimnis. Gerade darin liegt vielleicht ihre Schönheit und Anziehungskraft.

Letztlich bleibt unklar, ob die Männer verschleiert sind oder unser Blick, der im Versuch einer Annäherung über seine eigene Verschleierung nicht hinaus kommt, in den Spitzen hängen bleibt. Die Bilder sind konkret und höchst metaphorisch zugleich. Auch die Frau, die die Männer »untersucht«, die Fotografin selbst, ist »verschleiert«: Sie fotografiert mit einer Linhof-Großformatkamera mit einem Tuch über dem Kopf, wird sie ihnen dadurch nicht ähnlicher?

Alle Masken fallen bei der Maskerade. Gerade dort, wo Menschen sich verkleiden, sich hinter anderen Identitäten verstecken, entsteht ein klassisches Porträt. *Der Auftritt* ist eine sehr kurze anonyme Begegnung während des rheinischen Karnevals. Diese Serie bildet den Gegenpol zu *beyond*. Die Menschen werden im Moment des Spiels gezeigt, auf dem kürzesten Weg zum eigenen »Ich«. Hier werden wieder die Illusionen der Fotografie belebt, um das Reale, die Realität wiederzugeben. Auf der Suche nach einer Begegnung baute Loredana Nemes neben einer Kneipe ein Maskerade-Atelier auf. Es waren kalte Tage, die brüllenden Massen flanierten hin und her. In einer Kneipe entdeckte die Fotografin plötzlich einen interessanten Mann, einen schüchternen Außerirdischen. Sie sagte ihm, dass sie ihn gerne fotografieren möchte, doch er lehnte ab: »Ha, fotografieren?« – »nur drei Minuten brauche ich«, beharrte die Fotografin – »20 Sekunden!«, erwiderte er. Dann hat er sich hingesetzt, 20 Sekunden innegehalten, ist aufgestanden und Tschüss. – »Hey, Entschuldigung«, sagte die Fotografin, »können Sie mir Ihre Mail geben?« – »E-mail, ha«, sagte er und löste sich in Luft auf. Alle, die in dieser Serie auftauchen, sind beim Karneval und präsentieren sich so, wie sie wollen. Im Moment des Verkleidens zeigen sie ihr wahres »Ich« – oder das »Ich«, das ihrer Wunschvorstellung am nächsten kommt. Da ist jede Sekunde echt. Und auch der anonyme Außerirdische zeigt sein Gesicht, seine wache Präsenz. Die Galerie ist bunt, trotz der schwarz-weißen Fotografien: Ein unbekannter Spider-Man, ein Mädchen mit Doppelgesicht, eine leicht erschrockene kleine Fee, eine Frau mit falscher verdrehter Brust, eine Köln-Patriotin, deren Fingernägel den Türmen des Kölner Doms ähneln, ein junger Mann in militärischer Uniform. Ist er der Krieger?

Und irgendwann trifft man auf die drei Jungs, drei Kumpel, drei Minnesänger von heute, Dominik, Max und Julius. Ihre Gesichter sind so klar und so vertraut, dass ich unwillkürlich an die Selbstbildnisse Albrecht Dürers oder an Porträts der italienischen Renaissance denke. Dieses Bild evoziert die Erinnerung an die Zeit der Wiedergeburt der Kunst, als der Mensch sich selbst entdeckte. Der Zyklus *Blütezeit* ist eine Ode an die Jugend. Die Jugendlichen posieren nicht, sie sind einfach da, in der Fülle ihrer Existenz, genauso wie der Frühling und die blühenden Bäume, die Loredana Nemes ebenfalls porträtiert hat. Kirsch- und Magnolienbäume umrahmen und bewahren dieses Terrain der Jugend, das Erwachsene nicht betreten dürfen. Der Fotografin gelingt es jedoch in die Intensität der Jugend einzusteigen, und ihr mit gleicher Wucht und Zuneigung zu begegnen wie ihrer frischen Mutterschaft. Das Besondere an den Gruppenfotos dieser Serie ist, dass die Fotografin jede Person einzeln fotografiert, und dann die Einzelaufnahmen zu Diptychen, Triptychen oder Quartetten zusammenbaut. Jeder Teenager erscheint einzeln und zugleich mit den anderen verbunden. Die Fotografin nimmt jedes Gesicht in den Fokus. Jeder steht im Zentrum, souverän, von den anderen durch Bildränder abgeschnitten. Aber gerade diese Trennung, die Schnitte und Wiederholungen unterstreichen die Verbindungen zwischen den Jugendlichen: ihre Freundschaften, Zuneigungen, Zärtlichkeiten und ihre Liebe.

Und dann die *Gier*. Dreizehn Bilder, die wie eine Partitur aufgestellt sind: Welche Musik hören wir hier? Was wir auf den Bildern sehen, kann unser Auge ohne die Fotografie nicht registrieren. Es sind die Geheimnisse der Ungeduld, der Gier, der Leidenschaft. Loredana Nemes versucht, sie auf dieser Mikroebene der Zeit mit der Kamera einzufangen. Ursprünglich wollte sie die Bewegung der Möwen untersuchen, wenn sie sich gierig auf das Brot stürzen, der heilige Franziskus, der zu Vögeln predigte und sie bewunderte, hätte diesen Vorgang nicht verstanden. Wie so häufig in den Arbeiten von Nemes trifft das Mysterium auf die Wissenschaft, das analytische Verfahren rührt an Kontexte religiöser Kunst. Loredana hat die Möwen zuerst in Berlin »gecastet« und fütterte sie. Die Vögel sammelten sich in Scharen und bildeten unbekannte sagenhafte Wesen. Sie hat lange nach optimalen Lichtverhältnissen gesucht, hat einen Ort in Hamburg gefunden, alles war für die Möwen technisch vorbereitet, nur die Möwen wollten für das tägliche Brot nicht kämpfen. Sie waren satt oder verzaubert und die Fotografin hat sie angeschrien – aus purer Empörung – und wie auf Befehl stürzten sie sich auf das Brot. Ich stelle mir die Wut dieser zierlichen Frau vor und erinnere mich an Hänsel und Gretel, wie sie durch den Wald gingen und die Krümel hinter sich fallen ließen, um später zurück nach Hause zu finden. Aber die Vögel haben alle Krümel aufgefressen. Und es gab keinen Weg zurück. Nun hat Loredana sie fotografiert, vielleicht auch, um ihrer eigenen Wut, ihrer eigenen Gier zu begegnen.

Die Möwen sind riesig, fast so groß wie Menschen. Der Betrachter wird zum Zeugen körperlicher Metamorphosen. Die Möwen scheinen mal aus zartem Porzellan zu sein, dann aus durchbohrtem gefalteten Papier. Mal ist die Zerbrechlichkeit steinhart und mal die Härte zerbrechlich, wie im echten Leben. Die ungestüme Bewegung im Kampf um das Fressen ist eingefroren und wird von einem öligen, schwarzen Gewässer, das wie Quecksilber aussieht, eingerahmt. Für den Bruchteil einer Sekunde – »so kurz wie die Guillotine«, sagt Loredana – sehen wir diese unbewegliche Bewegung, eine Fotografie, die uns die Bildhauerei nahe bringt, als wären die Möwenkörper aus der Schwere des Steins geboren. Ihre Bewegungen bilden eine Geheimsprache, die aus unbekannten Zeichen besteht, etwas Japanisches scheint manchmal hindurchzusickern. Diese neue Körpersprache, diese neue Körperlichkeit ist der Inbegriff der Begierde, die aus dem Geist der Gier geboren wird. Die Möwen vergehen und verschmelzen, sie zerfließen und verschwinden ineinander. Ist das eine Zerstörung? Eine Erlösung? Eine Geburt? Es erscheint brutal und erotisch zugleich. Das letzte Bild, in dem die Möwen aus ihrer militärischen Ordnung ausbrechen, führt uns unerwartet zu Erkenntnissen der religiösen Kunst, so ähnlich sind diese Vögel den Engeln, die sechsflügelig und geschlechtslos sind, Beine haben und Seraphen genannt werden. Sie besetzten die höchste Stufe der Engelschöre. Und die Botschaft, sagen die Bücher, ist ihre pure Existenz.

*
Rose Ausländer, *Kindheit I*, in: Rose Ausländer, *Die Sichel mäht die Zeit zu Heu. Gedichte 1957–1965*, S. Fischer, Frankfurt am Main 1985, S. 321f.

GREEDY FOR INTIMACY

Katja Petrowskaja

Loredana was the only person in her Romanian family who spoke German, and fluently. It was an accident: just after Loredana was born, her parents were allocated an apartment, but there was an old lady living in it—one of the Transylvanian Saxons. To avoid uprooting her, they all agreed to enlarge the family and "adopt" each other. Omi Schatzili ("Nana Darling"), whose real name was Frau Wegner, Maria Wegner, spoke only German to the little girl. Omi Schatzili and Loredana liked going for walks together. Omi was very old and Loredana was very small, Omi walked with a stoop and used to put her hand on the girl's head—for support, but also in blessing. The old lady was eighty when Loredana was born, and when she died the little girl was seven. Her parents told her that Omi Schatzili had gone to Germany, but the child knew that she would never have gone on a journey without saying goodbye. Her parents were unable to talk about it, and the child created her own space for tragic truths.

When Loredana was nearly fourteen, she traveled to Germany on holiday with her parents. Once in Germany, she learned that they would not be going home, that they had escaped. Childhood and a large, much-loved family stayed behind in Romania. But then the Wall came down.

Loredana Nemes studied mathematics and German literature in Aachen, felt at home in the Middle Ages, and delved into the poetry of the *Minnesänger*. Just before her final exams, she packed her bags and set off for Berlin with all her worldly possessions. She seemed to carry a clock within her soul, a time gauge. She was fourteen when her parents fled with her from Romania to Germany, and a whole life span later, at twenty-eight, she made a gut decision: "I will do art." Numbers shape her life, numbers enchant her, and this exhibition also opens with a work that contemplates the power of the word "fear" and tries to defeat it by mathematical means.

An illustrated book by Loredana Nemes entitled *beautiful* presents a collection of photographs from her birthplace, Sibiu. Although the pictures were taken between 2002 and 2013, they look as though Loredana was photographing fragments of her own childhood. She takes us on a familiar but dreamlike journey through the landscape of "back then." The world of her home town is desolate, yet full of hidden, dreamy love. The photography recognizes the love and tries to preserve it, like a simple space hovering between two elderly people. The lyrical texts composed by Loredana herself glide past her childhood like clouds: "When she is big, she will be a grandmother, and then she will go to Germany, because there is no death there. But she is still small . . ."

With this book, if not before, Loredana Nemes's photographs make the shift from specific biographical references and contexts to motifs about self and other, fairy tale and threat. I do not know which of us started talking about poetry the first time I met Loredana, but after a few minutes I was holding her phone to my ear and listening to a poem. The voice of Rose Ausländer came out of the phone. It was a strange experience, as if Rose Ausländer had just called Loredana and Loredana had passed me the mobile without warning. I listened, overwhelmed by her confidence:

> Many birthdays ago
> when our parents
> gave permission to the angels
> to sleep in our childbeds—
> yes my lovelies
> there we were all doing fine
> . . .
> Yes my lovelies
> in once-upon-a-time-home
> we were all doing fine
> The parents flew with us
> into the starry heaven's tent
> bought us tickets for gingerbread-land
> and spurred us on
> to give the world away*

When I handed back the phone in silence and a little bewildered, she said: "The way she speaks German is so familiar. The old Transylvanians spoke like that." I thought of Omi Schatzili, and in my mind's eye I saw an image of a little girl and an old woman leaning on each other to form an indivisible cipher. Loredana's surname resembles the word *nemets*, which means "German" in nearly all Slavonic languages. And so a wheel comes full circle, with a history, a childhood, and two languages, raising so many questions about intimacy and distance, about the self and the other, which have remained a theme for the artist all her life.

Ocna: Closer Scrutiny is the name of a cycle in the exhibition that examines the male body, the body of Loredana's partner. All we see is a few body parts, as if it were not possible to grasp the person we see more often than anyone else, whom we love, who is closest to us, in their entirety. The pictures were taken in Ocna, the famous salt lakes near Sibiu. The body parts are floating in water, as if preserved for ever in brine. Perhaps these are physical sensations that can only be expressed in a fragmentary blur. The photos imitate feelings that find no focus, no explanation.

In fact, this whole exhibition could have been called "An Essay in Closer Scrutiny." The photographer uses her camera, at her own risk, to explore the riddle of other people.

Loredana Nemes's show begins with a reference to her birth: the title *23197* derives directly from her date she was born, except that she deleted recurring digits. It is a series about fear: the images show trucks shot head on, with an unfocused lens, alienated. They might just as well be primeval creatures with great big eyes staring at us from eternity and ready to gobble us up. The motor vehicle—a monster and a feat of civilization in one—was an ambivalent invention from the start, a means of transport and a lethal machine. Recently trucks have been used as weapons against people, as in Nice, Berlin, and Stockholm. Following those tragic incidents, Loredana Nemes registered a new "human condition," a new threat that refuses to go away.

Fear blinds us. Seeing is almost snuffed out, fuzzy, metamorphosed into fear, we are forced into a blind spot. The photographs sublimate this deadly fear, fear of death, final sight. Loredana Nemes accompanies these pictures with her mathematical obsession, "declining" the word "fear" on strips that match the length of a wheel axle, as if the tires of the trucks were made up of the letters in the word. The mathematical term is "permutation," the naming of all the possibilities for ordering a set. "Fear" in German is *Angst*, which has five letters, so the equation is 5×4×3×2×1=120. There are 120 ways to "permute" the letters in ANGST: STGNA, TNASG, etc. She conjugates verbs like "flee," "damage," "die," and the subject might be "you" or "I." We can read this obsession as an expression, an alphabet, or perhaps a proliferation of fear. To me, this meticulous, mantralike process is like a passion, an exit route, as if the words themselves, under a mathematical charm, could save us.

The series *beyond* similarly speaks of a dead-end encounter. I call this one "Veiled Men." The alien world of male Muslims is depicted in *beyond*, and perhaps even otherness per se. We all live near to people with whom we hardly communicate. Every day we walk past places that remain alien and mysterious. For some of us, those might be Turkish or Arab cafés in the Berlin boroughs of Kreuzberg, Neukölln, and Wedding. Only men go inside, they drink tea, watch football, converse. They sit behind the frosted panes of their male cafés and are inaccessible, almost invisible, for the people (literally) passing by outside. What happens in there? What is there to discover?

Loredana Nemes, in her attempt at closer scrutiny, photographed this otherness. Shop windows and doors into cafés, tea houses, and neighborhood clubs. We can make out figures behind the panes, vague shapes, we recognize potted plants, but no faces. A man is an unfamiliar being. In one picture we think we can see three men sitting at a table, like figures made of modeling clay, like the Holy Trinity in an icon. I also observe this otherness through the prism of the Christian art familiar to me.

It takes nine months to bear a child. For nine months Loredana Nemes took pictures of the cafés from a distance. Only then was she ready to draw closer to the strange places and men. This technique feels its own way around rituals for rapprochement. After nine months she asked the men in the cafés to come to the windows and look out. Loredana knocked on the glass, the men stood still for a few seconds. What appears is not a face, but a texture, a boundary between the photographer and her subject. The glass panes with their various patterns and ornamentations speak in the men's stead, lend them a face and a character. The membrane is the hero of this observation. The men could be from a catalogue of figures, from a cabinet of curiosities, an eerie masquerade from "beyond": a man like a minotaur with diamond eyes and a mosquito above his head, another like a reminiscence of Rembrandt, then a face like the Shroud of Turin, here a checkered creature, there Pharaoh Tutankhamun peering through venetian blinds, and behind the lace curtain a hidden bride. A study about the otherness of these other men or about the otherness of men as such, *beyond* is a bold effort to visualize the limits of human rapprochement.

All the men have names. They stare out of their aquarium like the enchanted frog or fish prince, under the spell of an evil spirit, and not even the camera with all its magic powers can undo the spell and lift the veil. The glass seems to make their faces indecipherable. Perhaps we are looking ineffable ephemerality straight in the eyes? And so the men emerge from the salty water of memory, diffuse and stuck forever in the past. They remain a mystery. In this, perhaps, lies their beauty and their allure.

Ultimately it is not clear whether it is the men who are veiled or whether our gaze, unable to cast off its own veil as it tries to come closer, has been caught up in the lace. The photographs are concrete and yet at the same time highly metaphorical. And the woman "scrutinizing" the men, the photographer herself, has a "veil" too: she takes her pictures using a large-format Linhof with a cloth draped over her head. Does that not make her more like them?

All masks fall in a masquerade. Here, of all places, where people don a disguise, hide behind other identities, classical portraits have been taken. *The Presentation* is an extremely brief and anonymous encounter during the carnival season in the Rhineland. This series is the antithesis to *beyond*. Here people are shown in the moment of play, on the shortest path to their own "self." Here the illusions of photography are revived in order to restore reality to the real. On her quest for encounter, Loredana Nemes set up a masquerade studio outside a bar. The days were cold, hollering crowds ambled to and fro. In one bar the photographer spotted an interesting man, a bashful extraterrestrial. She said she would like to take his photograph, but he refused: "Ha, photograph?"— "I only need three minutes," insisted the photographer— "Twenty seconds!" he replied. Then he sat down, kept stock still for twenty seconds, stood up, and said goodbye.— "Hey, sorry," said the photographer, "can I have your email address?"—"Email, ha," he said, and vanished into thin air. Everyone who appears in this series has come to the carnival, and they all present themselves the way they want. In the moment of disguise they reveal their true "self"—or the "self" that most resembles what they would like to be. Every second is genuine. And even the anonymous extraterrestrial shows his face, his alert presence. It is a colorful gallery, even if the pictures are in black and white: an unknown Spider Man, a girl with two faces, a slightly alarmed little fairy, a woman with an artificial twisted breast, a patriot from Cologne whose fingernails replicated the towers on her city cathedral, a young man in military gear. Is he the Warrior?

And sooner or later here there are: three guys, three pals, three modern-day *Minnesänger*, Dominik, Max, and Julius. Their faces are so clear and familiar that I cannot help thinking of self-portraits by Albrecht Dürer or portraits from the Italian Renaissance. This photograph evokes memories of the time when art was reborn, and humanity was discovering itself. The cycle *Blossom Time* is an ode to youth. These youngsters do not pose. They are simply there, in the fullness of their existence, like the spring and the blossoming trees that Loredana Nemes has also portrayed. Cherry and magnolia frame and guard this terrain of youth where adults must not tread. The photographer, nevertheless, finds a way into this youthful intensity, meeting it with the same vigor and affection as her recent motherhood. The distinctive feature of the group photographs in this series is that the photographer portrays each person separately and then combines the individual pictures into diptychs, triptychs, or quartets. Every teenager is shown individually and at the same time connected. The photographer places a focus on every face. Each of them is at the center, sovereign, demarcated from the others by picture edges. But this division, the incisions and repetitions, highlight the connections between the youngsters: their friendships, affections, tenderness, and love.

And then *Greed*. Thirteen pictures arranged like a score: what music do we hear? Without photography our eye cannot register what we see in these pictures: the secrets of impatience, greed, and passion. Loredana Nemes tries to capture them with the camera on this microlevel of time. Initially she intended to examine the movement of the gulls swooping greedily on the bread. Saint Francis, who preached to the birds and marveled at them, would not have understood. As so often in Nemes's work, mystery meets science, analytical technique scratches at the context of religious art. Loredana "cast" the seagulls in Berlin and fed them. The birds gathered in flocks, forming unknown mythical beings. For a long time she sought optimum light conditions, found a place in Hamburg, all the technical preparations had been made for the gulls, but the gulls had no desire to fight for their daily bread. They were too well fed or under a spell and the photographer screamed at them—it was pure indignation—and as if at her command they fell upon the bread. I imagine the rage of this small slip of a woman and remember how Hansel and Gretel wandered through the forest leaving a trail of crumbs so they would find their way home. Except that the birds ate up all the crumbs. And there was no way back. Now Loredana took her photographs, perhaps partly to counter her own rage, her own greed.

The gulls are huge, almost as big as people. The viewer bears witness to physical metamorphoses. The gulls seem now to be made of fragile porcelain, now of perforated folded paper. One moment the fragility is as hard as stone, then the hardness turns fragile, as in real life. The tumultuous motion in the struggle for food has been frozen and is framed by oily black water resembling mercury. For a fraction of a second—"as short as a guillotine," says Loredana—we see their unmoving movement, photography approaching sculpture, as if the gulls' bodies had been molded from the weight of stone. Their movements form a secret language made up of unknown symbols, we seem to catch an occasional glimpse of something Japanese. This new body language, this new physicality, is the epitome of desire that is born of the spirit of greed. The gulls fade and melt, dissolve and disappear into each other. Is this destruction? Salvation? Birth? It appears brutal and erotic at once. The last picture, where the gulls break out of their military order, unexpectedly leads us to insights of religious art, for these birds are so like those angels with six wings and no gender, those boned angels called seraphim. They are seated in the highest ranks of the angelic choir. And their message, the books tell us, is pure existence.

*
Rose Ausländer, *Childhood I*, translated by Michael Beier.

GIER ANGST LIEBE

Ulrich Domröse

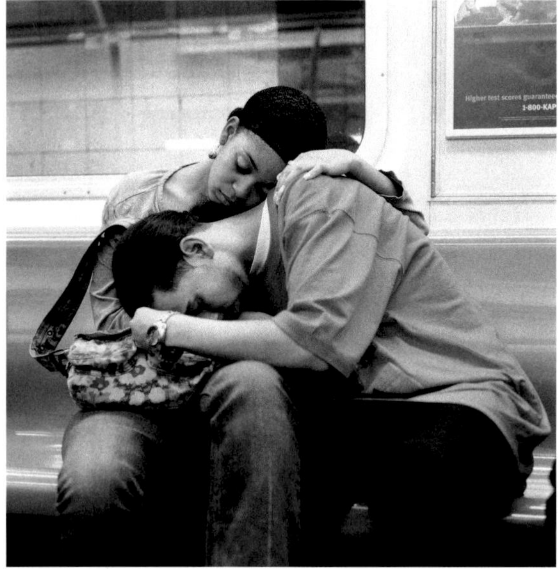

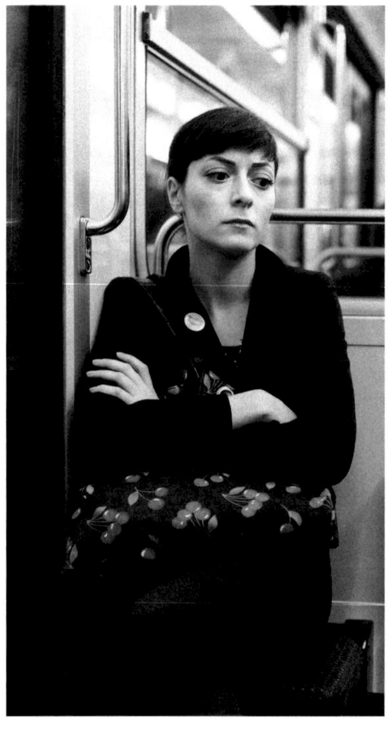

Abb. / Figs. 1, 2
Loredana Nemes, aus der Serie: / from the series
Under Ground, 2005–06
P001, New York, 09.2006
E003, Paris, 04.2005

Zu Beginn ihrer künstlerischen Arbeit hat Loredana Nemes in zahlreichen Ländern Menschen in U-Bahnen fotografiert. *Under Ground* (2005/06), so der Titel der Serie, ist ein frühes Statement: Es ist ein gütiger und gleichzeitig unsentimentaler Blick auf die Welt (Abb. 1, 2). Die Aufnahmen sind dadurch so ausdrucksstark, dass sie den Menschen nie zu nahe kommt und ihnen so die Möglichkeit gibt, ihrerseits auf die Fotografin zu reagieren. Offensichtlich war sich Loredana Nemes bereits damals instinktiv darüber im Klaren, dass ohne Distanz kein ästhetischer Raum und damit auch keine wirkliche Erkenntnis entstehen kann.

Auch wenn es im ersten Augenblick so anmutet, als stünde die Geschichte jeder einzelnen abgebildeten Person im Mittelpunkt ihres Interesses, so zielen die Aufnahmen sowohl bei *Under Ground* als auch bei all ihren späteren Porträtprojekten im Kern auf ein Nachdenken über zentrale Fragen des Lebens: Der Mensch als Individuum, seine Identität, seine Rolle im sozialen Leben und seine Gefährdung. Das gilt vor allem für die beiden neuen Werkgruppen *23197* und *Gier*, bei denen anstelle der Menschen Maschinen und Tiere in ihren Fokus geraten.

Doch neben all den großen Themen geht es der Künstlerin immer auch darum, etwas über sich selbst und die Möglichkeiten der Fotografie zu erfahren.

Blütezeit (2012)

Im selben Jahr, in dem ihre Tochter geboren wurde, erhielt Loredana Nemes ein Stipendium im schwäbischen Ludwigsburg. Sie nutzte die Gelegenheit, sich dem komplizierten Thema der Adoleszenz zu nähern, also Kindern, die beginnen, auf dem Weg zum Erwachsenwerden ihre eigenen Wege zu gehen. Doch sie interessierte sich weniger für die unterschiedlichen Gefühlslagen und Stimmungsschwankungen, die diese Lebensphase mit sich bringt, und auf die sich Rineke Dijkstra (Abb. 3) und Ingar Krauss (Abb. 4) in ihren Arbeiten so eindringlich bezogen haben, sondern sie konzentrierte sich auf das veränderte Miteinander, ganz gleich, ob es sich dabei um Freundschafts-, Familien- oder Liebesbeziehungen handelte. Folglich entschied sie sich für Gruppenporträts, die sie vor städtischen Häuserfassaden mit indirektem, natürlichem Licht aufnahm. Es gelang ihr zunächst nicht, die Intensität, die sie bei den Gemeinschaften beobachtet hatte, auch im Bild festzuhalten. Es fehlte der unmittelbare, direkte Blickkontakt. Die Lösung suchte sie in einem für dieses Genre ungewohntem Prozedere: Nachdem sich die Gruppe aufgestellt hatte, ging

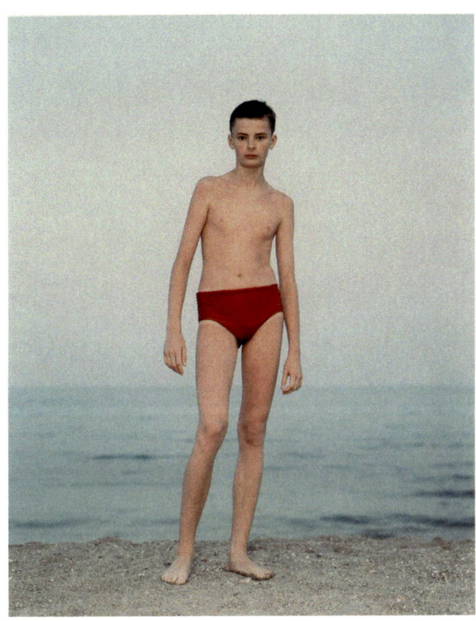

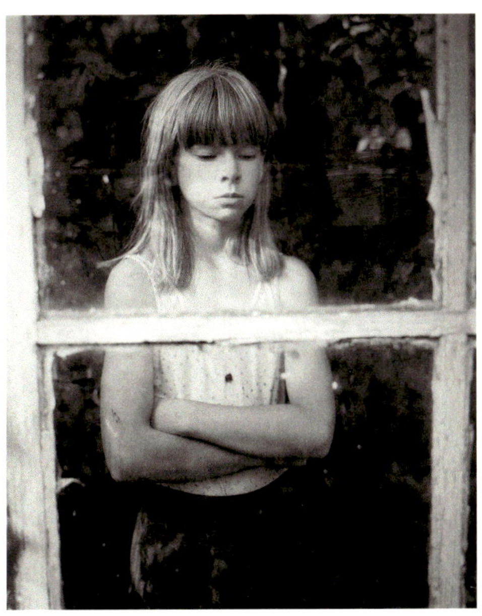

Abb. / Fig. 3
Rineke Dijkstra, *Odessa, Ukraine, August 4, 1993*
Museum of Modern Art, New York, Gift of Agnes Gund

Abb. / Fig. 4
Ingar Krauss, *Nico, Zechin*, 2001

sie mit der Kamera von einem zum nächsten und fotografierte so jeden Einzelnen für sich. Erst später fügte sie die Aufnahmen in Form von Tableaus wieder zu einem Bild zusammen. Das Ergebnis ist ebenso beeindruckend wie irritierend, denn die suggestive Strahlkraft der Fotografien entsteht nicht nur durch die außergewöhnliche Ruhe, die von allen Personen gleichermaßen ausgeht, sondern vor allem durch die eigentümliche Parallelität der Blickrichtungen, die es in der normalen fotografischen Praxis unter den üblichen zentralperspektivischen Bedingungen so nicht geben kann.
Darüber hinaus führten die unkalkulierbaren Bewegungen der Mädchen und Jungen, die durch die Zeitverzögerung zwischen den einzelnen Aufnahmen möglich wurden, zu filmisch wirkenden Effekten, die bestimmte Nuancen in den Beziehungen auf einer erzählerischen Ebene verstärken.
Auch wenn *Blütezeit* vor allem ein Dokument über die Kraft und das Vertrauen der Jugend ist, so provozieren die Bilder doch auch ein Nachdenken über ihre Gefährdung und Zerbrechlichkeit. Auf einer poetischen Ebene zeigen das die Fotografien von blühenden Kirsch-, Pflaumen- und Magnolienbäumen, die Loredana Nemes den Porträts als Metapher zur Seite stellt.

beyond (2008–2010)
beyond ist eine Arbeit über die geheimnisvoll erscheinende Männerwelt in türkischen und arabischen Cafés und Kulturvereinen in Berlin. Es sind Orte, in die Männer gehen, um sich dort wie in einem Schutzraum oder einem verlängerten Wohnzimmer gemeinsam die Zeit zu vertreiben.
Ein Grund für die Wahl des Themas könnte aus Loredana Nemes' biografischem Hintergrund abgeleitet werden.
1986 flüchtete sie als Vierzehnjährige mit ihren Eltern aus dem rumänischen Sibiu nach Deutschland und erfuhr hier das Gefühl des Fremd- und Andersseins am eigenen Leib. Unmittelbar zuvor hatte die Familie ein Jahr im Iran gelebt. Hier wurde das junge Mädchen erstmals mit der strikten Geschlechtertrennung einer islamischen Gesellschaft konfrontiert.
Als sie sich 2008 in Berlin an dieses Thema wagte, fotografierte sie anfangs lediglich die Außenansichten der Lokale in Kreuzberg, Neukölln und Wedding. Die Männer im Inneren waren auf den Bildern wenn überhaupt, lediglich schemenhaft zu sehen. In dem multikulturellen und nach außen orientierten großstädtischen Berliner Leben fallen solche Orte auf und wirken manchem befremdlich, wenngleich nicht vergessen

werden sollte, dass es auch in der hiesigen Kultur immer Rückzugsorte für Männergemeinschaften in Kneipen und Hinterzimmern von Gaststätten gegeben hat. Nur schotteten sie sich weniger auffällig nach außen ab.

Der Fotografin ging es bei ihren Außenaufnahmen aber gerade um diesen Unterschied, der sich vor allem in zeichenhaften Relikten einer anderen Kultur bemerkbar machte. Deshalb fotografierte sie mit einer Großbildkamera, die mit ihrem Stativ und auch sonst nur aufwändig zu händeln war, dafür aber eine dokumentarisch gemeinte detailgenaue Wiedergabe feinster Nuancen garantierte. Da sie mit der Arbeit erst nach 22 Uhr begann, wenn es auf den Straßen ruhig geworden war und nur noch Laternen und vor allem die grellen Neonleuchten im Inneren die Szenerie erhellten, wurden die Fassaden aus dem Alltag herausgehoben und wirkten eher künstlich und kulissenhaft.

Diese nächtliche Außenwelt ergänzend sprach sie in einem nächsten Schritt die Gäste daraufhin an, ob sie von dem einen oder anderen ein Porträt machen könne. Das jeweilige Modell sollte sich für eine gewisse Zeit so dicht hinter die teilweise verhängten und undurchsichtigen Scheiben stellen, dass die Nase fast das Fenster berührte.

Es war von Anfang an klar, dass auf diese Weise keine Porträts im konventionellen Sinn entstehen konnten. Es sind lediglich fragmentarische Spuren einer konkreten Persönlichkeit. Dass diese unscharfen Porträts trotz ihrer beeindruckenden ästhetischen Wirkung provozieren, sagt weniger über die Porträtierten als vielmehr über allgemeine Projektionen und Ängste aus.

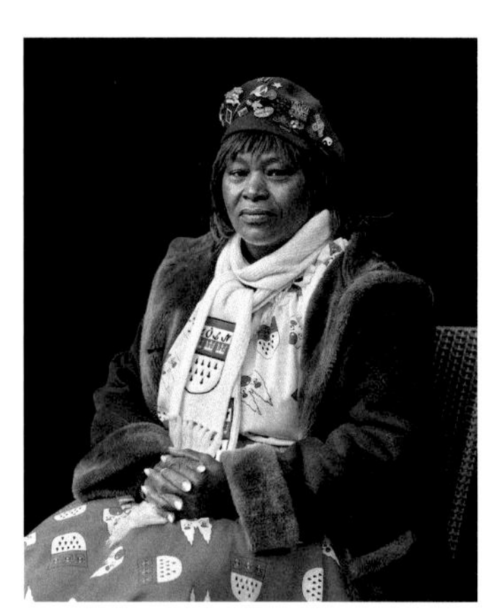

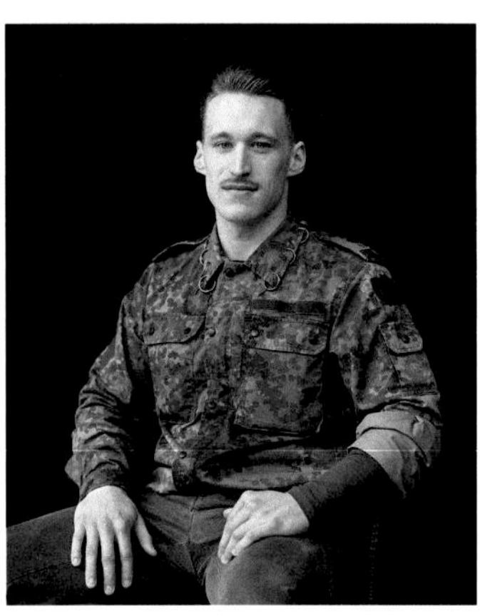

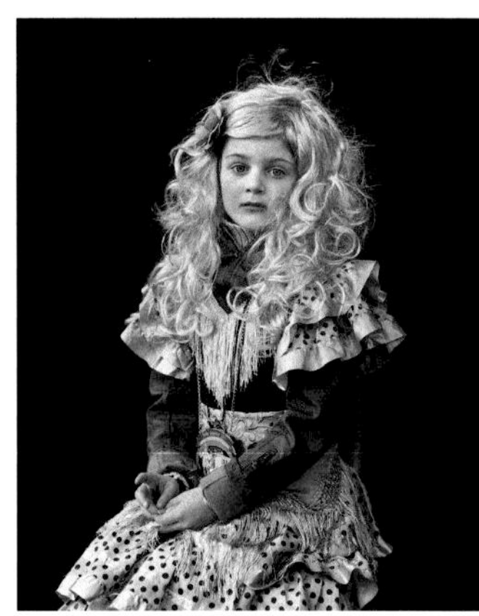

Abb. / Figs. 5–8
Loredana Nemes, aus der Serie: / from the series
Der Auftritt / The Presentation, 2014
Der Auftritt / The Presentation #01, 2014
Der Auftritt / The Presentation #04, 2014
Der Auftritt / The Presentation #02, 2014
Der Auftritt / The Presentation #17, 2014

Der Auftritt (2014)

Auch in der Werkgruppe *Der Auftritt* (Abb. 5–8) befasste sich Loredana Nemes mit dem Moment des Unbestimmbaren, nicht Eindeutigen und somit Wandelbaren. Die Serie ist während des rheinischen Karnevals entstanden und weist auf die Differenz zwischen Illusion und Alltagsrealität hin. Gleichzeitig ist sie eine Metapher auf das vermeintliche Versprechen der Fotografie, durch eine authentische Wiedergabe der Realität auch das Wesen einer Person erfassen und abbilden zu können.

Was Ort und Zeit angeht, gibt es für ein solches Vorhaben kaum eine bessere Wahl. Zwischen Weiberfastnacht und Aschermittwoch herrscht in der Region der kollektive Ausnahmezustand: Es wird exzessiv und mit Inbrunst gefeiert, und die Kostümierung schafft die Voraussetzung, um auszubrechen und sich eine andere Identität zu verschaffen. Eine

Identität, die mit Wunschbildern, nicht eingelösten Erwartungen und gesellschaftlichen Leitbildern spielt.
Um in diesem Umfeld schnell und unmittelbar arbeiten zu können, baute die Fotografin auf der Straße ein provisorisches Atelier, das aus einem schwarzen Hintergrundstoff und einem Stuhl bestand. Wie bei allen ihren Projekten gab es auch hier nur natürliches Licht, dieses jedoch so gewählt, dass eine gleichmäßige indirekte Ausleuchtung ihrer Modelle gegeben war. Mit dieser spartanischen Ausrüstung, die durchaus an die technischen Herausforderungen aus der Frühzeit der Fotografie erinnert, entstanden Bilder in der Tradition klassischer Atelierfotografie.
Für die Menschen, die Loredana Nemes aus dem Trubel der Festumzüge, Kneipen und Gasthäuser herausbat, um sie zu fotografieren, entstand eine eigentümliche Situation. Gerade eben noch waren sie in eine Rolle geschlüpft und hatten damit, im Sinne des gemeinschaftlichen Rituals, ihre bürgerliche gegen eine selbstgewählte Identität getauscht. Doch nun, herausgerissen aus der allgemeinen Feierlaune, herrschte für einen Augenblick relative Stille.
Angesichts dieser Umstände sind die Entspanntheit und Ernsthaftigkeit der Porträtierten bemerkenswert. Es scheint so, als wollten sie in diesem Moment die Zeit dehnen, um keine Entscheidung treffen zu müssen zwischen dem Bild ihrer Persönlichkeit, ihrer sozialen Identität und der angenommenen Rolle.

Gier (2014–2017)
Für Loredana Nemes ist die technisch-handwerkliche Seite ihrer Arbeit stets überaus wichtig. Damit sie ihre Bildideen mit größtmöglicher Präzision umsetzen kann, ist sie gezwungen, ihre Technik an die Erfordernisse des jeweiligen Projekts anzupassen. Von zentraler Bedeutung war immer die Bildschärfe.
Die Idee für *Gier* entstand, als sie eine Möwenfütterung an der winterlichen Spree beobachtete und sie das Gekreische und das einem Kampf ähnelnde Gerangel der Vögel als ursprünglichen, kreatürlichen Energieausbruch erlebte.
Im ersten Augenblick scheint die Bildschärfe bei diesen Aufnahmen nicht unbedingt notwendig zu sein. Denn sowohl die einzelnen Bilder, als auch die wie eine Partitur angelegte Arbeit als Ganzes, wirken vor allem durch die abstrakte Zeichenhaftigkeit der in sich verknäulten Möwenleiber: Es sind bizarre Gebilde von großer grafischer Schönheit. Doch die Abstraktion erklärt nicht die enorme energetische Ausstrahlung der Bilder. Diese entsteht erst dadurch, dass die einzelne Kreatur in diesem affektbesetzten Chaos sichtbar bleibt, obwohl oft lediglich die Umrisse auszumachen sind. Mit dem bloßen Auge wäre das nicht möglich. Es braucht die Belichtungszeit einer zweitausendstel Sekunde, um zu erkennen, was passiert, wenn sich die Möwen in einem unberechenbaren und geradezu rauschhaften Zustand mit elementarer Wucht auf die Brotkrumen stürzen.
Auf den gleichen Effekt trifft man bei den berühmten Pferde-Bildern von Eadweard Muybridge, dem es in den 1870er-Jahren gelang, die bis dahin verborgenen Beinbewegungen trabender Pferde sichtbar zu machen (Abb. 9).
Auch wenn die ungebremste animalische Kraft der Ausgangspunkt für *Gier* gewesen ist, ist eine Analogie zu unserer heutigen, nach immer mehr Macht und Geld strebenden Gesellschaft nicht zu übersehen.

23197 (2017–18)
Wenn die detailgenaue Schärfe bei *Gier* von entscheidender Bedeutung war, dann ist es bei der jüngst abgeschlossenen Werkgruppe *23197* die Unschärfe. Seit der Frühzeit der Fotografie wurde diese immer wieder als Stilmittel eingesetzt, um den Bildern auf emotionaler Ebene einen größeren Wirkungsraum zu gewähren. Um 1900 bedienten sich beispielsweise die »Piktoralisten« dieses Effekts (Abb. 10).
Loredana Nemes verwendet die Unschärfe hier, um mit einer sehr persönlichen Angsterfahrung fertig zu werden. Weil sie das beklemmende und lähmende Gefühl, das sie dabei erlebt hatte, mit der tiefgreifenden aktuellen gesellschaftlichen Verunsicherung in Verbindung bringen wollte, wandte sie sich einem Motiv zu, das in den letzten Jahren im Zusammenhang mit terroristischen Gewaltakten auf eine verstörende Weise präsent geworden war: den sich häufenden Anschlägen mit Lkws in vielen Teilen der Welt.
Sie fotografierte die Lkws nicht, wie man vermuten könnte, in der Umgebung des bedrängenden städtischen Straßenverkehrs, sondern fiktionalisierte eine Bedrohung, indem sie ihre Kamera mit nur wenigen Metern Abstand frontal vor parkenden Lkws positionierte und dann das hochauflösende Objektiv ihrer Mittelformatkamera kurioserweise so unscharf stellte, dass die Fahrzeuge beinahe vollständig in einer Art Nebel verschwanden. Auch wenn die Abstraktion nicht das eigentliche Ziel dieser Bilder war, so ermöglicht diese Entscheidung eine Vorstellung von dem traumatischen Moment, der entsteht, wenn ein Mensch in lebensbedrohliche Gefahr gerät. Im Augenblick der Angst reagieren die Nervenzellen

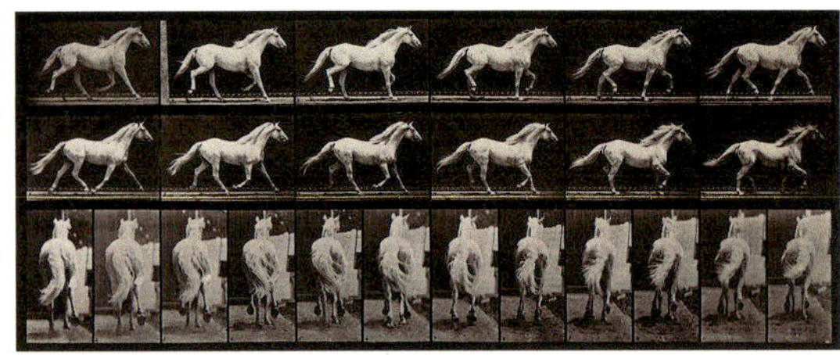

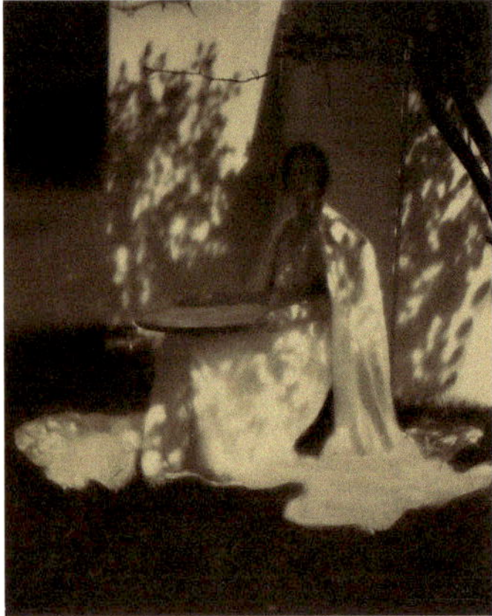

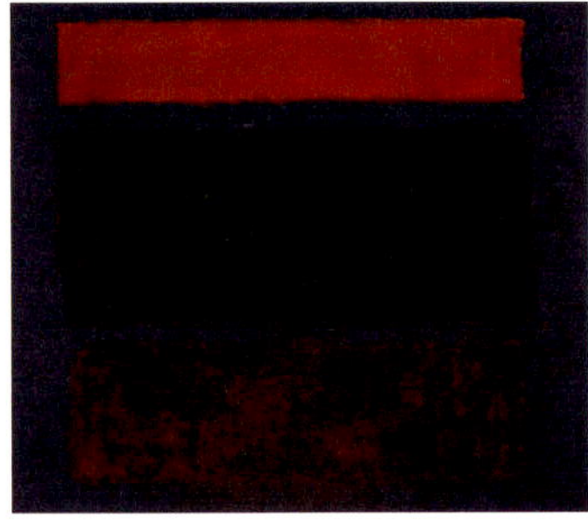

Abb. / Fig. 9
Eadweard J. Muybridge, *Animal Locomotion […]*, 1872–85, Volume IX, Horses
The Metropolitan Museum of Art, New York, Rogers Fund

Abb. / Fig. 10
George H. Seeley, *The White Screen*, ca. 1910
The J. Paul Getty Museum, Los Angeles

Abb. / Fig. 11
Dunja Evers, *Porträt Nr. 1*, 1996
Berlinische Galerie

Abb. / Fig. 12
Mark Rothko, *No. 16*, 1960
The Metropolitan Museum of Art, New York, Arthur Hoppock Hearn Fund, George A. Hearn Fund and Hugo Kastor Fund

und fördern aus dem Unterbewusstsein alle möglichen unerwarteten Reaktionen zutage.

Diese irrationale Bedrohung wird für den Betrachter allerdings erst in dem Moment spürbar, wenn durch den typologischen Vergleich bestimmte, immer wiederkehrende konstruktive Details wie Windschutzscheiben, Kühlergrill und Scheinwerfer erkennbar werden. Das ist der Zeitpunkt, in dem die Bilder ihre meditative Unschuld verlieren und in dem aus dem Nebel heraus mehr oder weniger spannungsgeladene »Gesichter« entstehen. Die Farbe ist in diesem Zusammenhang nicht nur ein Verstärker dieses anthropomorphen Mechanismus, sondern wird zugleich zum Auslöser und Reflex individuell erlebter psychischer Stimmungswerte. Erst mit der Konfrontation des drohenden Todes verdunkelt sich die ästhetische Qualität dieser Fotografien.

In diesem Sinne sind die 20 Bilder von *23197* auch unscharfe »Porträts«, die an Dunja Evers' in den späten 1990er-Jahren bekannt gewordene unscharfe Frauen- und Männerporträts (Abb. 11) und an die flirrenden horizontal geschichteten Farbflächen von Mark Rothko erinnern (Abb. 12).

Um die Dimensionen der Angst mit ihrer tiefgreifenden Verunsicherung und Bedrängnis auch auf anderer Ebene ins Bewusstsein zu rufen, fügte Loredana Nemes den Fotografien Permutationen, Konjugationen und ein Alphabet der Angst hinzu. Es sind sprachliche Assoziationen, die, wie bei den Permutationen der Buchstaben in ANGST, eine Vorstellung vom Gefangensein in diesem Zustand vermitteln. Auf einer übertragenen Ebene weist diese Art der Auseinandersetzung auf einen Ausweg hin, denn sie unterstreicht die Bedeutung der eigenen Aktivität und des Tuns.

Ocna. Eine Annäherung (2017–18)

Zur selben Zeit wie *23197* entstand auch die Serie *Ocna. Eine Annäherung* (Abb. 13–16). Zunächst sind auf den Bildern nur verschiedene männliche Körperteile zu sehen, die wie Treibgut auf einer spiegelglatten, beinahe schwarzen Wasseroberfläche schwimmen. Es sind Fragmente und doch ist zu spüren, dass sie alle zu demselben Menschen gehören.

Indem Loredana Nemes den Körper nicht als Ganzes, sondern nur seine einzelnen Teile betrachtet, befreit sie unseren Blick vor dem unwillkürlichen Zwang, all jene Details in Beziehung zu einer konkreten Person zu sehen und sie so zu bewerten. Der Arm ist ein Arm und das Bein ein Bein. Auf der Bildebene werden sie zu Zeichen mit einer eigenen ästhetischen Ausstrahlungskraft.

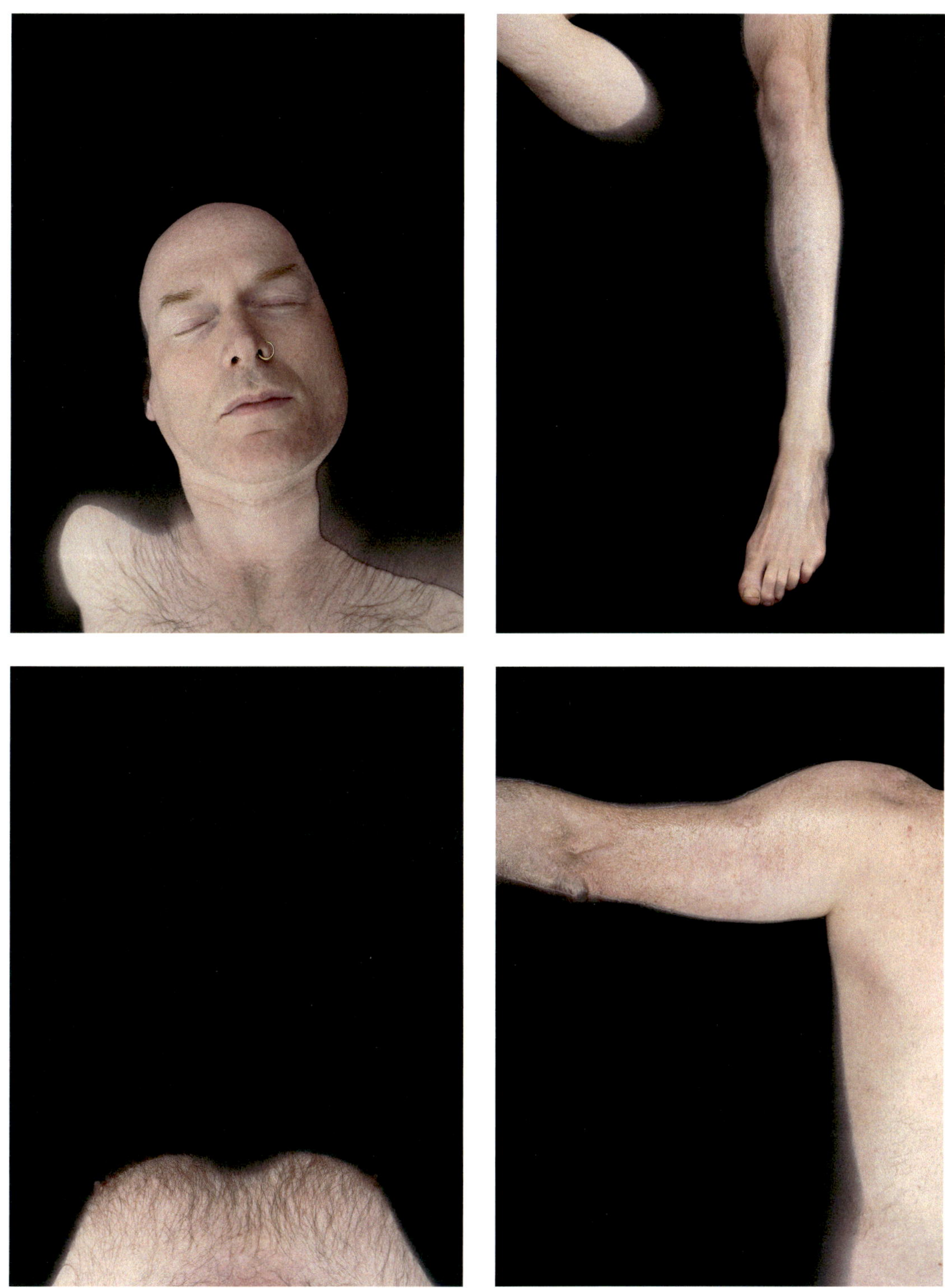

Abb. / Figs. 13–16
Loredana Nemes, aus der Serie: / from the series
Ocna. Eine Annäherung / Ocna: Closer Scrutiny, 2017–18

Kopf / Head, 2017
Beine / Legs, 2017
Brust / Breast, 2017
Schulter / Shoulder, 2017

Parallel zu *23197* greift Loredana Nemes auch hier wieder auf eine Abstraktion zurück, um etwas darzustellen, was jenseits der dinglichen Erfahrung liegt und sich in Bildern schlecht beschreiben lässt, weil es sich dahinter verbirgt. Hier drängt sich die Vermutung auf, dass es sich um ihr Verhältnis zu einen vertrauten und ihr nahestehenden Menschen handeln muss. Dafür setzt sie diesen Körper einer schonungslosen Betrachtung aus, als könne jedes Härchen und jede Falte etwas über diesen Menschen und sein Geheimnis erzählen.
Im Gegensatz zu den überkommenen, makellosen Skulpturenfragmenten aus der Antike ist das hier lebendiges Fleisch, in dessen Arterien und Venen das Blut zirkuliert und dessen Vergänglichkeit sich somit offenbart.
Aber die Künstlerin nimmt auch eine andere Perspektive ein als die Bilder fragmentierter Körper von Thomas Florschuetz und Pesi Girsch aus den späten 1980er-Jahren (Abb. 17, 18). Während Florschuetz' körperliche Selbsterkundungen als Sinnbild des Schmerzes verstanden werden müssen, befassen sich Girschs szenische Inszenierungen mit der Darstellung des Todes.
Loredana Nemes stellt ihren Bildern eigene Texte zur Seite, die den Bildraum in einen Beziehungsraum überführen. Es sind poetische Reflexionen, die deutlicher als die Fotografien selbst den Prozess einer Annäherung beschreiben, der hinter der alltäglichen Vertrautheit nach dem Mysterium der Liebe sucht. Die beiden Serien *23197* und *Ocna. Eine Annäherung* liefern zudem einen wichtigen Ansatzpunkt für das Selbstverständnis von Loredana Nemes: Den vielfältigen Gefährdungen in dieser Welt ist nur mit Empathie und Hinwendung zu begegnen.

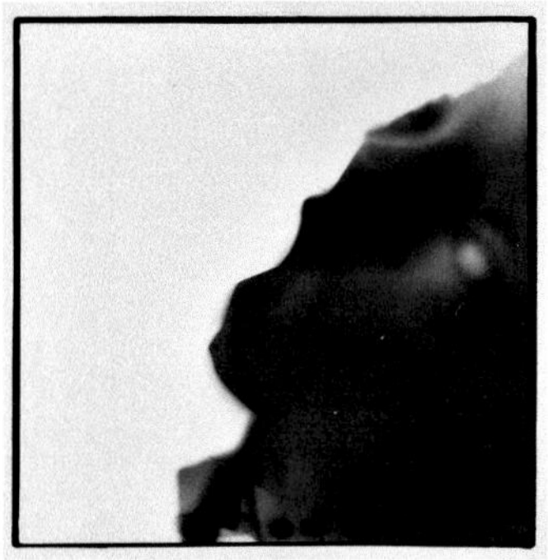

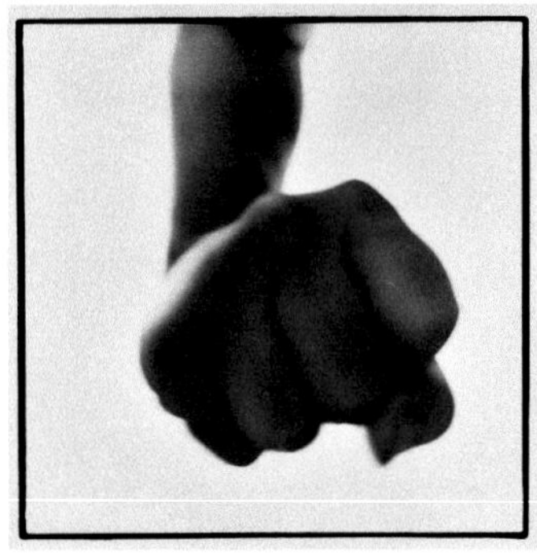

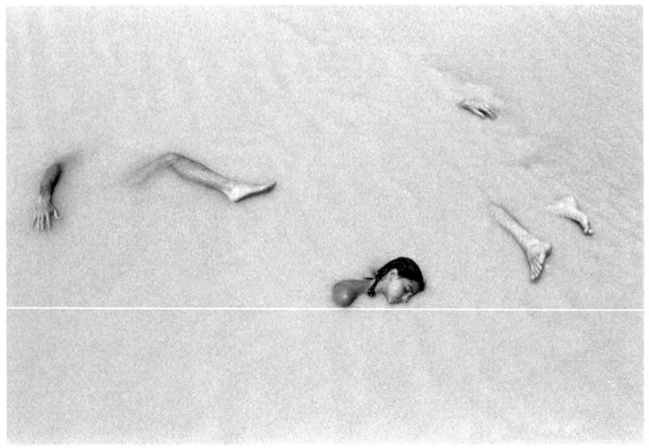

Abb. / Fig. 17
Thomas Florschuetz, *o. T. (notwehr)*, 1985
Berlinische Galerie

Abb. / Fig. 18
Pesi Girsch, *When Awareness Rose*, 1991

GREED FEAR LOVE

Ulrich Domröse

When Loredana Nemes started out on her artistic career, she took photographs of people traveling on metro networks in different countries. *Under Ground* (2005–06), the title of the series, was an early statement: a benevolent yet unsentimental gaze upon the world (figs. 1, 2). The images are expressive because they never intrude too closely on people but give them a chance to respond to the photographer. Probably Loredana Nemes had already realized instinctively that distance is essential in any aesthetic space and that without it there are no real insights to be gained.

Although it might seem at first glance as though her interest is directed at the personal stories of each subject, the photographs in *Under Ground* and in all her subsequent portrait projects are essentially contemplations about fundamental questions in life: people as individuals, their identity, their role in social interactions, and their vulnerabilities. This is especially true of the two new cycles *23197* and *Greed*, where the focus has shifted from humans to machines and animals. Alongside these big topics, however, the artist is always keen to learn something about herself and about the potential of photography.

Blossom Time (2012)

In the year her daughter was born, Loredana Nemes was offered a residency in the Swabian town of Ludwigsburg. She used the opportunity to tackle the complicated theme of adolescence—children starting to find their own way as they turn into adults. She was less interested, however, in the various emotions and mood swings that accompany this stage in life, which Rineke Dijkstra (fig. 3) and Ingar Krauss (fig. 4) have so poignantly illustrated in their work, than in changes in how young people interact with others, be it friends, family, or lovers.

As a consequence, she opted for group portraits, which she shot in front of street façades with indirect, natural light. At first, she could not capture the intensity that she had observed in these communities. Immediate, direct visual contact was missing from the pictures. She found a solution in a procedure that is unusual in this genre: after arranging the group, she went from one person to the next with her camera and photographed each one separately. Only later did she piece the images together to create tableaux.

The result is both impressive and disorienting, because the suggestive aura of these photographs derives not only from the extraordinary composure that emanates from all the individuals, but above all from the strangely parallel direction of their gaze, which cannot happen in conventional photographic practice under the standard conditions of central perspective.

Moreover, the unpredictable movements between the youngsters that result from time lags between the shots generate cinematic effects and reinforce certain nuances in their relationships at the narrative level.

If *Blossom Time* is above all a document about youthful energy and confidence, the images nevertheless encourage us to think about their vulnerability and fragility as well. On a poetic level, this is reflected in the photographs of cherry, plum, and magnolia blossoms that Loredana Nemes adds as a metaphorical accompaniment to the portraits.

beyond (2008–10)

The subject of *beyond* is the seemingly enigmatic male domain of Turkish and Arab cafés and clubs in Berlin. These are places men enter to spend time together, a kind of protected space or an extension of their living rooms.

One reason for the choice of theme might stem from Loredana Nemes's own biography. In 1986, when she was fourteen, her parents fled their Romanian city of Sibiu for Germany, where she experienced firsthand what it was like to be foreign and other. Prior to this, the family had spent a year in Iran, where the young girl was first confronted with strict gender segregation in an Islamic society.

When she first ventured into this domain in Berlin in 2008, it was to take exterior views of venues in the districts of Kreuzberg, Neukölln, and Wedding. The men inside were either not visible in the pictures or simply hazy shapes. In Berlin's multicultural and outwardly oriented urban life, places like these stand out and strike many as outlandish, although we should not forget that the city's culture has always offered safe havens to communities of men in bars and the back rooms of restaurants—except that these are less conspicuous about shutting out the rest of the world. But it was this very difference, especially visible in the emblematic relics of another culture, that fascinated the photographer in her outdoor shots. She therefore chose a large-format camera, which required a tripod and was unwieldy to manage in other respects too, but which—in true documentary spirit—guaranteed an accurate reproduction of finer details. As she began work after ten p.m., when the pavement bustle had relented and the scenery was lit only by street lamps and, most of all, by garish neon lights from within, these façades stood out from their everyday environment like artificial stage sets.

To complement this nocturnal backdrop, her next step was to talk to the visitors and ask whether any of them would agree to a portrait. The models in question were asked to spend a certain time behind their opaque windows, some draped with curtains—so close that their nose almost touched the pane.

It was evident from the outset that this approach was not going to produce portraits in the conventional sense. These are only fragmentary traces of a concrete personality. If these unfocused portraits are provocative despite their impressive aesthetic impact, it tells us less about the subjects themselves than about common projections and fears.

The Presentation (2014)

In her cycle *The Presentation* (figs. 5–8), Loredana Nemes addresses non-definability, ambiguity, and mutability. The series was taken during the Carnival season in the Rhineland, and it pinpoints the difference between illusion and everyday reality. At the same time, it is a metaphor for the apparent promise of photography to capture and reproduce the essence of a person by depicting reality authentically.

There could hardly be a better place or time for a project of this kind. From "Women's" Thursday to Ash Wednesday, the region is caught up in a collective state of emergency amid fervent and exuberant partying. By donning costumes, people allow themselves to kick over the traces and acquire a different identity—an identity that plays on wishful thinking, unfulfilled expectations, and attributed social roles.

To enable her to work fast and respond immediately to this environment, the photographer improvised a street studio consisting of a black drape as background and a chair. As with all her projects, there was only natural light, but it was selected to illuminate her sitters evenly and indirectly. With this spartan equipment, which certainly evokes the technical challenges faced by early photographers, she produced pictures in the classical studio tradition.

It was quite a strange situation for the people invited by Loredana Nemes to step outside the hurly-burly of processions, bars, and taverns and have themselves photographed. They had only just adopted a role, swapping their civilian life for an identity of their own choosing as the community ritual demands, but now they were torn from the general festive mood and plunged into a moment of relative silence.

Given the circumstances, it is remarkable how relaxed and serious the subjects look. It seems as if they would like to stretch time for an instant so as not to have to choose between their personal image, their social identity, and their assumed role.

Greed (2014–17)

Loredana Nemes has always attached great importance to the technical aspects of her craft. Implementing her visual ideas with maximum precision obliges her to adapt her technique to the requirements of each project. Focus has always been a pivotal factor in this.

The idea for *Greed* was born as she watched seagulls feeding by the River Spree in winter and experienced the squawking and the paroxysmal tussles between the birds as a primeval outbreak of creaturely energy.

On first sight, focus does not seem essential in these pictures. Both the individual images and the work in its totality, which is arranged like a musical score, draw their impact primarily from the abstract symbolism of the tangled bodies: these are bizarre constructs of great graphic beauty. But the abstraction does not explain the huge energy emanating from the photographs. This arises because every creature remains visible within the highly-charged chaos, even if we can often only make out their outlines. That would not be possible with the naked eye. It takes an exposure of two-thousandths of a second for us to see what happens when the seagulls pounce on the breadcrumbs with a wild and almost ecstatic elemental force.

We find a similar effect in those famous photographs of horses by Eadweard Muybridge, who succeeded in the 1870s in revealing the leg movements of trotting horses, previously hidden from the human eye (fig. 9).

Although unchecked animal force was the point of departure for *Greed*, the analogy with today's society and its growing hunger for money and power cannot be ignored.

23197 (2017–18)

Whereas sharp focus was crucial to *Greed*, lack of focus is equally important in the recently completed series *23197*. Ever since the origins of photography, this device has been used repeatedly to enhance the emotional impact of images. Around 1900, for example, it was the Pictorialists who promoted this effect (fig. 10).

Loredana Nemes uses the fuzzy focus here to deal with a very personal experience of fear. To combine the oppressive, debilitating feeling this unleashed in her with a profound and widespread social unease, she selected a motif that has become disturbingly ubiquitous in conjunction with current acts of terrorism: the growing number of attacks involving trucks in many parts of the world.

She did not photograph these trucks, as one might imagine, in a hard-pressed environment of urban traffic, but fictionalized a threat by placing her camera head on towards parked vehicles a few meters away, and then setting the high-definition lens of her medium-format camera so strangely out of focus that the vehicles vanished almost completely in a kind of fog. Even if abstraction was not itself the purpose of these images, this technique permits some idea of the traumatic moment that occurs when a person confronts a life-threatening danger. In the moment of fear, our nerve cells react and subconsciously trigger all kinds of unexpected responses.

The viewer only begins to grasp this irrational threat after a typological comparison of recurrent technical features, such as windscreens, radiator grills, and headlights. At this point, the images lose their introspective innocence and emerge from the mist like "faces" with varying levels of tension. In this context, color not only reinforces the anthropomorphic mechanism, but becomes a trigger and reflex in an individual experience of a state of mind. The aesthetic quality of these photographs is overshadowed by the confrontation with imminent death.

In this sense, the twenty works in *23197* are fuzzy "portraits" reminiscent of the blurred male and female portraits by Dunja Evers (fig. 11), which attracted attention in the late 1990s, and of the flickering, horizontally layered, colored surfaces by Mark Rothko (fig. 12).

To raise awareness, on another level, of these dimensions of anxiety that can disturb and oppress us so deeply, Loredana Nemes complemented her photographs with permutations, conjugations, and an alphabet of fear. These are verbal associations which, like the variations on the letters in ANGST [FEAR], convey a sense of being trapped inside a mental state. In metaphorical terms, this approach to confronting reality also indicates an escape route by emphasizing the need to seize an initiative and take action.

Ocna: Closer Scrutiny (2017–18)

The series *Ocna: Closer Scrutiny* (figs. 13–16) was produced at the same time as the cycle *23197*. At first, all we see in the pictures are assorted male body parts floating like driftwood on a smooth, almost black surface of water. They are fragments, and yet we sense that they all belong to the same person.

Because Loredana Nemes does not observe the body as a whole but only its separate parts, she liberates our gaze from the involuntary compulsion to see all the details in relation to a specific person and to evaluate them on that basis. The arm is an arm and the leg is a leg. At pictorial level, they become cyphers with their own aesthetic aura.

Parallel to *23197*, Loredana Nemes again resorts to an abstraction in order to present something which lies outside our experience of the material world and which is hard to describe in pictures because it is hidden beyond. We cannot help suspecting that the subject is someone very close and familiar to her.

Nevertheless, she exposes this body to a merciless reading, as if every hair and every wrinkle can tell us something about the person and their secrets. Unlike those unspoiled fragments of ancient sculptures that survive down the ages, this is living flesh with blood circulating in the veins and arteries—and this also reveals its transience.

But the artist adopts a different take from Thomas Florschuetz and Pesi Girsch in their images of fragmented bodies in the late 1980s (figs. 17, 18). While Florschuetz's physical self-explorations must be interpreted as embodiments of pain, Girsch describes death with her scenic enactments.

Loredana Nemes has provided texts of her own to go with her photographs, and these translate the picture space into a relational space. They are poetic reflections which are more explicit than the photographs themselves in describing a process of closer scrutiny that delves behind everyday familiarity to seek out the mystery of love.

The two series *23197* and *Ocna: Closer Scrutiny* also offer valuable perspectives on how Loredana Nemes sees her role as a photographer: attentive empathy is the only response to a world rife with hazards.

ABBILDUNGEN / WORKS

23197

9 *Permutationen der Angst, 2017*
10 *Ohne Titel (01), 2017*
11 *Ohne Titel (02), 2017*
12 *Ohne Titel (03), 2017*
13 *wüten, 2017*
14 *Ohne Titel (04), 2018*
15 *Ohne Titel (05), 2018*
16 *beschädigen, 2017*
17 *Ohne Titel (06), 2018*
18 *Ohne Titel (07), 2017*
19 *Alphabet der Angst, 2017*
20 *Ohne Titel (08), 2017*
21 *Ohne Titel (09), 2018*
22 *fliehen, 2017*
23 *Ohne Titel (10), 2017*
24 *Ohne Titel (11), 2018*
25 *bleiben, 2017*
26 *Ohne Titel (12), 2018*
27 *Ohne Titel (13), 2018*
28 *Ohne Titel (14), 2017*
29 *sterben, 2017*
31 *Permutationen der Angst, 2017*

Ohne Titel: Inkjet Print auf Hahnemühle Photo Rag, ca. 120 × 82,1 cm und ca. 190 × 130 cm, kaschiert auf Aluminiumdibond
Konjugationen: Silbergelatinepapier, 60 × 48 cm
Permutationen der Angst, 5-spaltig: Silbergelatinepapier, 87,2 × 78 cm
Permutationen der Angst, 1-spaltig: Silbergelatinepapier, 305 × 29,3 cm
Alphabet der Angst: Silbergelatinepapier, 86,3 × 55 cm

Untitled: Inkjet print on Hahnemühle Photo Rag, ca. 120 × 82.1 cm, and ca. 190 × 130 cm mounted on aluminium dibond
Conjugations: silver gelatin print, 60 × 48 cm
Permutations of Fear, five columns: silver gelatin print, 87.2 × 78 cm
Permutations of Fear, one column: silver gelatin print, 305 × 29.3 cm
Alphabet of Fear: silver gelatin print, 86.3 × 55 cm

Blütezeit / Blossom Time

33 *Blüten 01, 2012*
34/35 *Albrecht, Maciek, Valdrin und Anton, 2012*
36/37 *Nina und Katharina, 2012*
38/38 *Kassandra, Sarah, Richard und Jennifer, 2012*
40/41 *Blüten 02, 2012*
42/43 *Max und Corrine, 2012*
44/45 *Dominik, Max und Julius, 2012*
46/47 *Feyza, Yasemin und Suzan, 2012*
48/49 *Sven und Kim, 2012*
50/51 *Blüten 04, 2012*
52/53 *Marcel und Kim, 2012*
54/55 *Laura, Jakob und Hannah, 2012*
56/57 *Blüten 03, 2012*

Silbergelatinepapiere, je 50 × 37,6 cm und bei einigen Motiven auch 93,1 × 70 cm, kaschiert auf Aluminiumdibond

Silver gelatin prints, each 50 × 37.6 cm, and some works also 93.1 × 70 cm, mounted on aluminium dibond

beyond

59 *Vahdet Kültür Cemiyeti e. V., Kreuzberg, 2010*
60 *Rasim, Neukölln, 2009*
61 *Ünal, Neukölln, 2009*
63 *Fatih, Kreuzberg, 2009*
64/65 *Café Wrangel, Kreuzberg, 2010*
66/67 *Star Bet, Neukölln, 2010*
69 *Haci, Neukölln, 2009*
70 *Aziz, Kreuzberg, 2009*
71 *Ünal (02), Neukölln, 2009*
73 *Beker, Neukölln, 2009*
74/75 *Verein ADS, Neukölln, 2008*
77 *Nour, Neukölln, 2010*
78 *Ali (02), Kreuzberg, 2010*
79 *Chero, Neukölln, 2009*
80/81 *Oriental Temple, Kreuzberg, 2008*
82 *Kibris, Kreuzberg, 2010*
83 *Nail, Neukölln, 2009*
85 *Café Esto, Neukölln, 2008*

Männer: Silbergelatinepapier, 50 × 44,2 cm und 100 × 88,4 cm
Orte: Silbergelatinepapier, ca. 45 × 55 cm und ca. 100 × 123 cm, Größe variiert je nach Architektur des Ortes

Men: silver gelatin print, 50 × 44.2 cm, and 100 × 88.4 cm
Places: silver gelatin print, ca. 45 × 55 cm, and ca. 100 × 123 cm, size depending on the architecture of the places

Gier / Greed

88 *Gier #11, 2014*
89 *Gier #18, 2017*
90 *Gier #02, 2014*
91 *Gier #13, 2014*
92 *Gier #16, 2017*
93 *Gier #10, 2014*
94 *Gier #15, 2014*
95 *Gier #09, 2014*
96 *Gier #07, 2014*
97 *Gier #03, 2014*
98 *Gier #06, 2014*
99 *Gier #12, 2014*
100 *Gier #17, 2017*

Silbergelatinepapier, 58 × 46 cm und 125 × 100 cm, kaschiert auf Aluminiumdibond

Silver gelatin print, 58 × 46 cm, and 125 × 100 cm, mounted on aluminium dibond